COMPASSION

〜 ７つの真実 〜

TOMMY

Clover
クローバー出版

Contents

はじめに

「あなたの願いを叶えましょう。あなたは何を望みますか」

　世界中にある昔話や神話には、このシーンが数多く存在します。自分が不可能だと感じていることを望み、今までとは全く違う人生へ変化を遂げた先では、幸せに暮らす者ばかりでなく、不幸のどん底に落ちる者もいます。

　欲しいものを手に入れたとしても、必ずしも幸せにはなれない。

　本当に幸せになるために必要なものは何なのか？

　人生を豊かにするために必要なことは、古代から物語に織り交ぜられ、口から口へと語り継がれてきました。

　いつしか、それは真理と呼ばれるようになり、法則性を見出され、様々な形に表現されながら、人が成長していくエッセンスとして私

達の生活の一部へと緩やかに溶け込み、現在に至ります。

何を得たら幸せなのか。

　これは学校でも、会社でも教わりません。この答えがわかったら、人生で迷うことはなくなるでしょう。

　もし、願いが叶うならば、「自分が何を望んだら幸せなのか教えてください」と望むのが幸せな人生への近道なのかもしれません。

　僕には小さな頃から大切にしている答えがあります。

　僕の答えがあなたにとっても正解になるのかと言うと、そうではありません。

　正解・不正解を僕がつけることでもないのですが、1つの出来事に対し100人いれば100通りの答えがあります。

　僕たちの脳は意識的にも無意識的にも「今この瞬間でこれが一番だ」と思う選択をするようにデザインされているため、どの答えも正解と言えます。

　そして、この選択は正解・不正解で決めているのではなく、自分が「そうだ！」と信じている『真実』に基づいて決定します。

　本当に幸せになるために必要なものは何なのか？

　これは自分の中の『真実』を見つけていけば、自ずと答えにたどり着くでしょう。

　幸運なことに、僕は父と母と、生まれ育った境遇のおかげで幼少期からこの答えを持って生きてきたように感じます。

　僕は日本の真ん中、愛知県の一番南に位置する港町で生まれ、元気いっぱいスクスクと育ちました。と、言いたいところですが、実際はガリガリに育ちました。

　我が家は地域で2番目に貧乏な家だったのです。

　家族3人で分け合う1杯のカップラーメンがご馳走で、パン屋さんから廃棄されるパンのミミをいつももらって食べていました。

　家は戦後の真っ黒な掘っ立て小屋そのもので、玄関に鍵はついていましたが、ドアに穴が空いていたので外から手を突っ込めば中の鍵を外せます。外せたところで泥棒は絶対狙わないでしょうが。

　漫画やドラマで描写される貧乏一家は僕達がモデルだと思っていました。

　圧倒的に違う近所の友達との生活のレベル。

　生まれてから今までと、これからも続く「他人より劣っている」というレッテルは幼い心に深く刻まれ、常につきまとうものとなります。

　それでも心が惨めにならずに真っすぐに育ったのは、父と母の教育の賜物です。

　父は貧乏を恨んだり、他人を羨む人ではなく、落ち込む時間があるなら今をより良くする方法を考え、行動する性格でした。

　お金がないため、僕におもちゃを買ってあげられない代わりに与えた教えは『知恵』でした。

「なかったら自分で考えて作ってみなさい」

　そう言って手渡されたのはハサミとテープと段ボール。どうしたらイメージした通りに作れるのかと向きを変え、組み合わせを変え工夫を凝らし、おもちゃを自作します。父は一緒に遊びながら、物質が形作られる道筋を教えてくれました。

　母はとにかく優しく、人に尽くす性格で、困っている人を見ればすぐ助けに行きます。時に自分の持ち物をあげてしまうため、家には何も残りません。

　物を提供できなければ身一つでできることで、常に誰かの、何かの役に立っていたのを僕は隣で見ていました。母が僕に与えた教えは『慈愛』でした。

　母は『慈愛』の力で、いじめにあっても相手を許し、家族、友達など身近な関係者以外にも自分と関わる全ての人の幸せを想い、行動できる人でした。

　父の『知恵』と母の『慈愛』。

　貧乏だろうが、人より劣っていようが関係なく、何があっても前を向かせポジティブに未来を描き、現実を前進させる力『知恵』。他者を深く思いやり、尊重し、全てを信じる心『慈愛』は僕の生き方のベースとなっていました。

　じゃあ、僕は何を与えられるだろうか？

　小さな僕は、人にあげられるような物は持っていない。

　父母だけでなく周囲の人も、僕が貧乏だからといった同情からではなく、「あなたのことが大好きだからだよ」と食べ物も、服も、おもちゃも与えてくれるのに、僕は何も返すことができません。

　僕はこんなに与えてもらって毎日楽しいのに、与えてくれている人が落ち込んだ時に、力になることができない……。

　唯一落ち込むことがあるといえば、人に何もできないと感じる時でした。

　そんな僕を見て、母は言いました。

「与えるものがないのなら、喜ばせなさい。あなたが本当に与えて
もらってきたのは何だと思う？」

　この一言が、僕の『真実』へ向かう旅の始まりです。

　母の一言から、目の前の人をどうしたら喜ばせることができるの
か、そればかり考えるようになりました。

　お金をかけて喜ばせることは僕にはできません。隅々にまで気を
配り、よく観察し、何が人の喜びになるのかをひたすら研究し、小
さな喜びをどれだけ見つけ、伝えていけるかをたくさんやっていく
ことにしました。

　小さな喜び探しは、人より劣っている僕でもできる、大きな発見
でした。

　月日は流れ、２６歳という若さで自分の美容室を持ち、地域でト
ップレベルの人気店へと成長。経営者として成功をおさめました。

　経営をうまくいかせるコツは？　と多くの人に秘訣を聞かれました。

　経営は「うまくいく」法則にのっとって計画し、こなすだけで自然に結果を出すことができます。世の中には成功法則がたくさんあります。本屋に行けばビジネス書の棚にうまくいく方法が書かれた本がびっしり積まれています。

　しかし、その中に僕が見つけた成功法則はないでしょう。

　僕にとって経営はビジネスではなく、少年時代の遊びの延長のようなもので、利益のために働くのではなく、みんなが幸せになるように喜びを一番に掲げて仕事をしています。

「喜ぼう！　楽しもう！」

　スタッフへの教育の始まりも終わりもこの言葉です。生き物は明るくて楽しいところに引き寄せられていきます。だから僕の店の教育は「中心となる自分達が一番喜ぶように」と伝えています。そし

てスタッフの毎月の宿題は技術を磨くことはもちろんですが、必須項目は『遊び』でした。

　大人になると義務や責任が増え、自身の喜びを後回しにし、やらなければならないことを最優先します。いつの間にか達成感を得ることが喜びとなり、「課題を達成しなければ喜べない」生き方を創り上げます。

　達成感で得られる喜びは自尊心が満たされます。僕の劣っているという感覚を打ち消してくれる気がして、さらに達成感を求めました。

　求めれば求めるほど、比例して仕事が増え、やることに追われるようになります。頭がやるべきことでいっぱいになり、全てがタスク化し、こなしていくだけの毎日に喜ぶことを忘れていきました。自分の喜びが枯渇すると苦しみが湧き上がり人を喜ばせるどころではありません。

　喜ばすどころか、むしろ喜びを奪っている……。

　達成ありきの喜びは本当に『喜び』と言えるのか？

　喜びを得る前に苦しみが必要となっていては、常に苦しみを必要としていることになるのか？　それでは喜びの人生どころか苦しみのスパイラルを送り続けるとも言えます。

「喜ばせなさい」

　母がなぜこの課題を僕に与えたのか。喜びを忘れた瞬間、人生は苦しくなり、うまくいかなくなります。母は貧乏という終わりのない苦しみの中で、既に気づいていたのです。

　本当に幸せになるために必要なことを。

　僕は父と母から与えられたものを思い出しました。

「喜ぼう！　楽しもう！」

　僕はまず自分に喜びを与えました。

　お店の休みを増やし、仕事優先で我慢していた、ゲームや食べたいもの、サッカー、バイク……、やりたいことを思う存分楽しみ、小さな喜びを自分にいっぱい与えました。

　僕が楽しくなってくるとお店のスタッフとも笑い合う時間が増え、緊張感でピリピリしていた店内は喜びの空間に様変わりしました。

　どうしたらみんなが幸せになるかを考えたら、「一緒に楽しむ」だったのです。

　いつしか、僕の店ではスタッフ間で遊びのシェアが始まり、みんなで遊ぶこともありました。

　楽しさから喜びを生み出せば心から笑顔になります。遊びには達成する、しないはどちらでもよく、楽しむにはどうしたらいいのか？　と喜びに向かい知恵を絞ります。

　父はずっと僕の側で、これを教え続けていたのです。父は何を生み出せば人生が豊かになるのか、既に気づいていたのです。

　仕事も遊びもやっていることは変わらず、学べることも同じなの

に、心境は正反対なのです。みんなで遊びみんなで喜び合い、一緒に遊べなかったとしても楽しく遊んだ話は人を喜ばせます。

　僕の店のスタッフは遊びやその話を共有することで会話のネタも増え、話が面白いスタッフが多いことが人気店に繋がりました。

　このことから、僕は人生において遊びを何よりも大切にしています。純粋に『喜び』を感じる時間が人生に多いほど、幸せだと感じることと思います。

　この過程から、僕は『喜び』が成功法則を超えるものだと確信しています。

　本当に幸せになるために必要なこと。

　僕がたどり着いた真実。

『喜び』を開く鍵『慈愛』は、人生が必ずうまくいく魔法『知恵』を生み出し、人を真に成長させる絶対的なエネルギー

　僕は生まれた時から両親から与えられ、持ち続けていました。

　慈愛で生きるということは、自分も人も１００％のパーフェクト
な存在として尊重し、お互いの真実を調和させ、『全て』に理解を
示し、共存していくことでもあります。

『全て』に至る過程に、どんな『慈愛』を感じているかで人の成長
の段階を見ることができます。

　本書には人の成長段階ごとの特徴を持った７人の主人公が登場
します。物語を通し、彼らが出合う様々な出来事への対応の仕方を
紹介していきます。

　彼らは自分の真実に沿って考え、悩み、行動します。

　読者のみなさんも是非、主人公達と共に考え、自分の答えを出し
ながら、最後に「あなたの今の真実」を見つけてください。

　そして各章ごとに、『慈愛』に近づくエクササイズを用意してい

ます。『慈愛』を通し、自分自身を知っていきましょう。

　本書を繰り返し読むことで、物語中に散りばめられた人生を喜び
いっぱいに楽しみきるヒントを見つけていけます。

　僕は『慈愛』という前代未聞の方法で多くの商品やビジネス、ア
ーティストをプロデュースしてきました。

　世間にはない方法のため、社会的成功者からはバッシングも受け
ました。それでも、『慈愛』を信じて僕のプロデュースを受けた
2000人以上のクライアントは、全員が喜びに目覚め、想像もし
ていなかった幸せを感じ生きています。

『慈愛』は誰にでも平等にある奇跡の人生へと向かう切符です。

　あなたの成長に、迷った時の指針に、人と人が手を取り合う世界
に、本書がお役に立てることを心から願っています。

～慈愛に近づくエクササイズ～

各章には人生を進めるヒントになるエクササイズを用意しています。
決まった答えはなく、あなた自身がその時に感じたものが答えです。
自分が置かれている状況、読むタイミングで答えは変わります。
このエクササイズは自分自身の状態を知るヒントとしても、
とても役立つでしょう。

例えばこんなタイミングに

毎月ごと
本を読んで半年後、1年後など定期的に

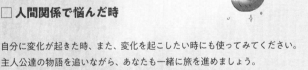

☐ **先に進むことに躊躇している時**
☐ **誰かにアドバイスしたい時**
☐ **進路に迷った時**
☐ **自分が成長したい時**
☐ **叶えたい夢がある時**
☐ **仕事で希望が持てない時**
☐ **自分の気持ちがわからなくなった時**
☐ **人間関係で悩んだ時**

自分に変化が起きた時、また、変化を起こしたい時にも使ってみてください。
主人公達の物語を追いながら、あなたも一緒に旅を進めましょう。

プロローグ

物語の始まりは

いつだって突然起こります。

この世界は常に始まりの連続でできているのです。

ガタガタガタガタ……。

家全体が激しく揺れ、少年は驚いて目を覚ましました。

揺れがおさまっても窓はなお、微かに揺れています。いつもは穏やかな朝なのに、この日は何かが違いました。村全体が揺れるほどの突風が吹いたのです。

少年は急いで重い木の窓を押し上げましたが、差し当たって大きな被害はなさそうです。

こんなことは生まれて初めてのことだ、と動揺しながらも掃除道具を取りに納屋へ向かい、いつもと同じ一日を始めることにしました。

少年は村の宿屋に居候し、手伝いをしながら日々過ごしています。朝は決まった時間に玄関を掃き、近くの川まで水汲みに行きます。

「おはよう！　今日も元気がいいな！」

向かいに住む男性が少年に挨拶しました。

「おはようございます。朝の揺れ、すごかったですね」

少年も挨拶を返しました。

「ああ、どうやら強い突風が起こったみたいだな。おかげで家の屋根板が1枚どこかへ飛んでっちまった。まったく困ったもんだよ！」

「大変ですね。僕、探してきますね」

「ああ、助かる。いつもありがとな」

　少年は水汲みを終えると、朝食までの時間に村の外れまで飛んで行った屋根を探しに行きました。屋根の板は大きかったのですぐに見つけることができました。

　担いで戻ってくる途中、女の子が困った様子でウロウロしていました。少年を見つけるとすぐに駆け寄ってきました。

「おはよう！　困っているようだけど、どうしたの？」

「朝起きたら猫がいなくなっていたの。どこかで見かけなかったかしら」

「ああ、君の猫なら3軒先の家で餌をもらっていたよ」

「あの子ったら！　教えてくれてありがとう。迎えに行ってくるわね」

　女の子は少年に手を振ると走って行きました。その後も少年は帰り道でたくさんの人から声をかけられました。

「この間は畑の手伝いありがとな！ トマトが熟れたから好きなだけ採っていくといい」

「またばあさんの病院の付き添いを頼めるか？ いつも助かるよ」

「今パンが焼き上がったから後で届けるわ。また麦の収穫を手伝ってね」

　少年は「ありがとう」「もちろん手伝うよ」と返事をしながら通りを駆け抜けていきました。

　拾った屋根を届け終え、少年は宿泊客への朝食の手伝いに入りました。

　パンとスープ、サラダを人数分取り分け、席に着いたお客さんへ持っていきます。

「おはようございます。よく眠れましたか？」

「とてもよく眠れたよ。しかし朝方の揺れには驚いたな。原因は何だったんだい？」

「強い突風で揺れたみたいです。僕もこんなこと初めてで」

　全てのお客さんの朝食を配り終えると、宿屋の主人と奥さん、少

PROLOGUE

年もテーブルに着き朝食をいただきます。

「そういえば、前にも突風が吹いた朝があったなぁ」

　宿屋の主人は懐かしそうにしながらパンを食べました。

「いつ？」

　少年は食事の手を止め聞きました。宿屋の主人が何かを話そうとした時、客の一人がスープをこぼしてしまい、話は中断してしまいました。急いで雑巾で拭き上げ、替えのスープを用意する頃には宿屋の主人も奥さんも仕事に戻っていました。

　少年もまた、いつも通り朝食の皿洗いを済ませると、お客さん達を見送り、また水汲みに出かけました。

　平和が当たり前のこの村ではとりわけ大きな事件もなく、同じような毎日が過ぎていきます。村の外へ出ていく人もいないので、村の外の情報はたまにやってくる旅人や行商人が話しているのを聞くだけで、村人にとっては村が世界の全てであり、多くを望まず、日々の生活が満たされていれば幸せでした。

「今日はいつもと何かが違う」

　川に入ると水は冷たすぎず温かすぎず、穏やかに流れています。しかし少年の心は穏やかではありません。なぜだか、ワクワクするのです。

　朝の突風から始まり、スープをこぼすお客さん。そして今、ハチドリを見つけました。何か素敵な出来事が起こる前触れであって欲しいと少年は願いました。

　それから水汲みに3回出かけ、お昼以降は近所のヤギ小屋を手伝い、宿に戻る頃には日も暮れかけていました。夕方からは宿の受付に立ちます。ここまではとりたてて話題になるような出来事は起こりませんでした。

　少年は宿屋のカウンターに座り、暗くなりきっていない窓の外を見ました。月が低い位置に見えます。いつもより一回り大きく、しっかりと濃いオレンジ色でした。

「もしかしたら今日の最後のお客さんはお月様かな」

　少年は自分の考えたことにクスッと笑いました。ちょうどその時、ドアから人間のお客さんが静かに入ってきました。

「いらっしゃい！」

　少年は急いで玄関へ振り向き挨拶しました。旅人のようです。月明かりに照らされて少し輝いているように見えました。お客さんは少年へ向け微笑み、言いました。

「こんばんは。今夜だけ泊まれますか？」

　宿屋には１２人の宿泊客がいます。既に定員には達していましたが、「訪れた者は歓迎する」が宿の主人の方針で、少年は「お断りしないように」と言いつけられています。

「宿屋の主人を呼んできますので、少々お待ちください」

　少年は宿屋の主人に相談するため奥へ引っ込みました。主人は夕食の仕込みの真っ最中でした。

「お客さんかい？」

「はい。今夜だけ泊めて欲しいそうです。２階はもう満員ですがどうしましょうか」

「そうだな。今夜だけならお前の部屋を借りられるかい？　お前は私達の部屋で寝るといい」

「もちろん大丈夫です。ただ、大人には狭くないでしょうか」

「できる限り物を外へ出して広くしよう。狭くてもいいか私から確

認する」

「ありがとうございます。お願いします」

　少年は宿屋の主人と一緒に戻りました。

　そして、宿屋の主人は旅人を一目見るなり飛び上がって喜び、歓迎しました。

「マスター！　マスターじゃないですか！」

「お久しぶりですね。お元気そうで何よりです」

「ええ、ええ、また来てくださるとは思いもよらなかったです。あの日から私は変わることができましたから、次にお会いした時に感謝を伝えようと決めていました」

「私は何もしておりません。あなた自身が歩んできたのですよ」

　宿屋の主人は照れ臭そうに笑いました。

「ご主人の知り合いだったのか。この人は何者なんだろう？」

　少年はマスターと呼ばれた男性に興味を持ちました。

　旅をしているのに小綺麗で、荷物も少なく、方言や訛（なま）りのない話し方はどこから来たのか予想もつきません。少年が一番強く惹かれたのは雰囲気がとても心地よいということでした。優しく、落ち着

いている言動は、彼の周りだけ時間の流れが違うように感じさせました。

　宿屋の主人が少年をマスターに紹介しました。

「マスター、あの出来事の後にこの子がここへ来てくれました。今では私達の子供同然だと思っています。さあ、マスターに挨拶しなさい……」

　少年は背中を押され、マスターの前へ出ました。近くで見るマスターの瞳はとても澄んでいました。僕の心の奥まで見透かされそうだ、と内心ドキドキしながら少年は会釈しました。

　その後、宿屋のお客さんと夕食を共にし、食堂を片付けた後、少年は月を見に出かけました。宿屋の裏に小高い丘があり、夕食後そこまで散歩に行くのが日課でした。

　丘を登ろうとした時、先客がいることに気づきました。マスターです。マスターも月を眺めていました。少年はマスターの後ろ姿を見ながら丘を登るか引き返すか迷いました。「邪魔したら悪いかな」と一歩下がろうとしたその時、マスターが後ろを振り返りもせ

ず声を発しました。

「こちらへ来なさい」

　少年はビクッとしました。他に誰かいるのかと思い辺りを見回しましたが誰もいません。マスターは少年へ声をかけたのです。少年は丘を登ることにしました。

「なぜ見てもいないのに僕だって気づいたんですか？」

　少年はマスターの隣に並んで座りました。マスターは微笑むだけでした。

　一筋の風が静かに通り過ぎました。その流れに乗って口ずさむように、マスターは語り出しました。

　マスターが歩き見てきた世界の話でした。

　マスターの話は、村の中だけの小さな世界を生きてきた少年にとって、別世界の出来事に聞こえ圧倒されることばかりでした。同時に、少年の心には何かが芽生え、目が輝きました。

　一刻一刻があっという間に過ぎていきました。話が一段落つくと、少年はマスターへ質問しました。

「僕も、マスターが見てきたように、世界を見ることは可能でしょうか?」

　マスターは答えました。

「それには勇気が必要です」

「勇気?　どういうことですか?」

　全く意味がわからないという顔をした少年へ、マスターは改めて答えました。

「幸せが続くこの生活から抜け、先の見えない未来に進むことですよ」

「未来へ……？　どうやって進むのですか？」

「信じることです」

　マスターは静かに口を閉じました。少年にとっては理解を超えた
やりとりで、これ以上話が頭に入ることはなさそうでした。

「そろそろ戻りましょう」

　マスターと少年は静かに丘を下りていきました。

　宿屋に戻った後も、少年は眠りにつくまで丘でのやりとりを考え
ていましたが、結局意味はわかりませんでした。

　翌朝。少年はいつもと同じ時間に起きると、掃除、水汲み、朝食
の支度を順に淡々とこなしました。毎朝決まったメニューをみんな
で食べ、その後出発する宿泊客一人ひとりを見送ります。

　最後にマスターの番がやってきました。

　宿屋の主人と奥さんに感謝を伝え、固く握手を交わします。

「また会いましょう」

「お元気で……」

　その様子を少年はカウンターから黙って見ていました。

「では」と、マスターが外へ一歩踏み出そうとしたその時。

「待ってください！」

　少年は咄嗟に身を乗り出し叫んでいました。そしておずおずとマスターにお願いしました。

「あの……僕を連れて行ってください。世界を見てみたいのです」

　宿屋の主人と奥さんはびっくりして、「お前はいきなり何を言い出すんだ！」「危ないわよ」と口々に言いましたが、少年は真っすぐマスターだけを見つめ反応を待ちました。

　何を言われようと少年の心は決まっていました。

　マスターは振り返り少年を見ると、次に宿屋の主人と奥さんのほうへ体の向きを変え、言いました。

「私がこの子を預かります」

　少年の顔がほころびました。宿屋の主人と奥さんは開いた口が塞がりません。マスターは続けて言いました。

「そして、やがて……ここへ帰ってくることを約束しましょう」

　それを聞いた宿屋の奥さんは胸を撫で下ろしました。宿屋の主人はマスターに気を使わせたのではないか、と心配し聞きました。

「いいのですか？　こんなお願いを突然してしまって」

　マスターは微笑みました。

「ええ」

「ありがとうございます。あなたになら安心してお預けできます。是非、この子をお願いします」

　宿屋の主人がマスターに深々と頭を下げました。少年もならって頭を下げました。

「ところで、今回はどこまで旅されるのですか？」

　少年を預けると決めてはいても、危険な旅にならないか宿屋の主人は気がかりでした。

　マスターはそれを察していました。

「私は**願いが叶い続ける地『ラストエデン』**へ向かっています」

「確か以前もそこへ向かわれていたかと記憶しておりますが」

「ええ。私は『ラストエデン』へたどり着き、その後、世界を渡り歩いていました」

「本当に存在していたのですね、その場所は」

　宿屋の主人の驚く顔を見て、少年はすごい場所へ行けることだけ

はわかりました。しかし少年にとって行先はどこでもよかったのです。どこへ行くよりも、**マスターと共に行くこと**が少年にとって重要でした。

「僕、どこだって大丈夫です」

　少年は誇らしげに笑ってみせました。

「マスター、これからよろしくお願いします」

「こちらこそ。では旅の準備をしなさい」

「実は、もうしてあります!」

　少年は得意げにカウンターの下から食料の袋を取り出しました。

「その準備も大切ですが、ほら……」

　マスターは右手で宿屋の主人と奥さんを見るように促しました。2人は少年を我が子のように育て、寝食を共に過ごしてきた家族です。

　宿屋の奥さんは少年を抱き寄せ、優しくハグしました。続いて宿屋の主人が熱くハグしてくれました。

　少年は2人の顔を見たら出発できなくなると思いました。また会えるとわかっているのに、目を合わせるだけで涙が溢れてきました。

旅立つ際に伝えようと考えていたことがいっぱいあったのに……。

「ありがとう」

　この一言しか言えなかったけれど、充分でした。

　少年の準備が整いました。

「行ってきます！」

　晴れやかな顔で少年はマスターと共に出発しました。

　空は少年の心と同じくらい澄み渡っていました。

　こうしてマスターとの出会いを果たした少年は世界へ一歩踏み出

しました。

　物語の続きは、次の始まりへ……。

CHAPTER

1

始まりの地

　物語の始まりはいつだって突然起こります。

　この世界は常に始まりの連続でできているのです。

　太陽が山影から顔を出し始めた頃、マスターと少年は最初の村を訪れました。少年の村よりも規模が大きく、学校や市場も整備されていて、村人達の生活水準が保たれているのが窺えます。家畜を飼っている家が多く、牛や鶏の鳴き声がよく響いていました。

「そこの旅のお方。この辺りでは見ないお顔だ。この村は初めてですか?」

　早速、村人から声をかけられると、マスターは微笑み、頷きました。少年は村人へ言いました。

「ここは素敵な村ですね」

「ありがとうございます。あなたもきっと気に入ると思いますよ」

　最初に声をかけてくれたのはこの村一番の賢者でした。彼の後ろには人の列ができていて、賢者は一人ひとりの質問に答えている最中でした。

「賢者様、今日もありがとうございます。あなた様へ相談すると問

題が問題ではなくなります！」

　相談が終わった先頭の村人は列から去って行きました。そして次に並んでいた村人の番になりました。

　賢者はあらゆる法則に精通しており、どんな問題でも理解し、分析し、解決します。彼は村の人々の相談役なのです。

「賢者様、この村のことを旅人さんへ紹介しましょう！」

　相談が始まる前に、村人が賢者へ提案しました。賢者は、その言葉を待っていた！　といわんばかりに「よろしい」と得意そうな表情で頷き、マスターと少年へ語り出しました。

「この村はとても歴史ある村です。特産物の織物の柄は、３００年前の村の誕生以前からここの土地を守っている原住民の紋章から発想を得ていて、この紋章の中央にあるここの長細いところ。あ、そこではなくここです、ここの……そう、そこです。これはこの土地に唯一育つ木の根なのですよ。この根は精神安定剤の効用があり……。歴史に残るマホガニーの戦いも、この根を相手の飲み水の樽に忍ばせることで戦意を喪失させ、戦いを穏便に終息させたという

逸話があり……」

　立ち並んだ人々は話の内容にみなウンウンと頷いています。一刻また一刻と経過しますが話はなかなか終わりません。

「……であるからして、機織り機の技術革新が起こり、この村の時代を変えたのです。この技術は私の研究の神髄です」

　賢者はこの村の歴史について、そして自分自身について語りました。

　三刻たち、やっと話が終わりました。いつの間にか人の列はどこかへ消え、この場にはマスターと少年、賢者の3人だけになっていました。一通り話し終えると満足した様子で、賢者はマスターに質問しました。

「ところで、あなた方はどこまで旅をされるのですか?」

「私達は、誰でも訪れると願いが叶い続ける地『ラストエデン』へ向かっています」

　マスターが答えると、賢者は耳を疑いました。

「誰でも?　願いが叶い続ける?　そんな奇跡的な土地がこの世界にあるというのですか?　実に興味深い!　世界には私が知らない

ことがまだまだありますね」

　賢者は興奮気味にマスターからさらに情報を得ようと食い入りました。

「旅のお方、どうか私をそこに連れて行ってくださいませんか。**私はどうしても欲しいものがあるのです。それは革新的な『技術力』です**。私は社会に貢献し、さらに発展する技術の研究開発を行っています」

　聞くと、賢者は村で起こるほとんどの問題を解決することはできましたが、今の自分の知識、実力では限界を感じていたのです。

　マスターはそれを聞き微笑みました。

「よいでしょう。明日の正午ちょうどに出発します。同行されるなら村の出口に来てください」

　賢者はパッと顔を輝かせ、マスターの手を掴みブンブン振りました。

「ありがとうございます、旅のお方！　今日、この出会いが私及びこの村にとっての希望となりそうです。では早速、旅支度をしますので、これにて失礼します！」

　急ぎ足で帰宅する賢者を見送り、マスターと少年は村の奥へと足を進めました。

　少し歩くと、他よりも大きな建物が見えてきました。若者の出入りが多く、建物内から聞こえてくる声から、中では読み書きを教えているようでした。どうやら学校のようです。

　同じ年くらいの子供達が勉強する姿を見て、少年は羨ましく感じました。

　そこへ、建物から威厳のある男性が2人に向かって近づいて来ました。少年は挨拶しました。

「こんにちは」

「どうも。何か用ですか？」

「いえ、ここは何の建物なのでしょうか」

「初めての方ですね。ここは優秀な学校です。説明しましょう」

　聞くところによると、彼は学校の先生であり、ここがこの村で一番賢い生徒が多いのだと答えました。先生は勉学や経済の必勝法を熟知しており、生徒に社会で生き抜く強さと正解・不正解を教えて

いるそうです。

「あなたはこの村の将来をしっかりと考えているのですね」

　マスターは微笑みました。

「当然です。私がしっかりと教育した優秀な生徒が村長を務めているのです。村の運営に間違いがあるわけないのです。私を信じて行動すれば常に正解の道を歩めるのですから。村長が私の指示を守ることで村は平和であり続けているのです」

　先生は村長をどう教育したのか、また、自分自身の優秀な経歴を早口で話し続けました。

　一刻を使い、先生は一通り話し終えました。先生は鼻高々にマスターを見ました。

「ところで。あなた達は旅人ですか？　これからどこへ？」

　マスターは答えました。

「私達は、誰でも訪れると願いが叶い続ける地『ラストエデン』へ向かっています」

「誰でも訪れると願いが叶い続ける？　そんな奇跡的な土地がこの世界にあるというのですか？　是非この村と交流を図りましょう！」

　先生は目を細め、先ほどの早口とは違う、ゆっくりとした口調で提案しました。

「旅のお方、どうか私をそこへ連れて行ってくださいませんか。**私はどうしても欲しいものがあるのです。それは人生を勝ち進む『力』です。**私の力で村を、そして世の中をもっとよくしていきたいのです。私にはさらなる『力』が必要です」

　マスターはそれを聞き微笑みました。

「よいでしょう。明日の正午ちょうどに出発します。同行されるなら村の出口に来てください」

「ありがとうございます、旅のお方！　では明日、また。くれぐれも私を置いて出発しないように！　後悔しますよ」

　これから先の計画をブツブツ呟く先生を見送り、マスターと少年は村の奥へと足を進めました。

　大通りへやってきました。通りの脇には果物やスパイスを売る露店が並び、店主の威勢のいい声が響き渡っています。２人は一店ごとに足を止め、名産の反物や調度品を眺めながら、賢者から聞いた

国の歴史に思いを馳せました。

　いくつかのお店を見て回り次のお店へと移ろうとすると、店舗は
なく一人の男が地面で座禅を組み背筋を真っすぐ正し、目を閉じた
ままじっとしていました。

「……」

　男はずっと黙っています。

「こんにちは」

「……」

　少年が挨拶しても男はずっと黙っています。

「……」

　男はピクリとも動かず、座禅を崩しません。マスターも黙ったま
ま男を見つめ続けました。

「…………」

　一刻が経過する前に隣の金物屋の店主が見かねて声をかけました。

「あぁ、その坊さんは今、喋らない修行の最中でっせ」

　店主の話では、彼は１週間前からこの場所に座り、飲まず食わ
ず１ミリたりとも動かず、瞑想し続けているとのこと。この村の

あちこちで彼のような修行僧が日々、様々な修行に励み己を高めているそうです。

　金物屋の店主は、この辺りではあまり見かけない顔のマスターに興味津々で、どこまで旅をするのかと質問しました。マスターは自分が『ラストエデン』へ向かっていることを告げました。マスターと店主はしばらく立ち話を続けました。

「ここは素敵な村ですね」

　少年は喋らない修行にお構いなく修行僧に話を振りました。

「１週間もすごいですね。僕には真似できないな」

　店主との話が終わったマスターが、横からスッと足元にあるお椀に金貨を寄付しました。

　少年には一瞬、修行僧の口元がニコッと引き上がったように見えました。

「では私達は旅の途中なので、また」

　金物屋の店主にも一礼し立ち去ろうとした時、修行僧の上唇と下唇がゆっくりと離れ出しました。

「お…待ち…く…だ…さ…い…」

　修行僧の口から、ちょっと上ずった音が漏れ出ました。ゆっくり一語一語を思い出すように発せられ、言葉として繋がっていきました。

「ああ！　修行を中断させてしまい申し訳ありません！」

　謝る少年を修行僧は制し、またゆっくりと口を開きました。

「いいのです。……あなたにお会いし…私が…次の境地へ…進むヒントを…感じたので……」

　修行僧は口の中でモゴモゴと喋るので、一生懸命耳を澄ませ、やっと内容を聞き取ることができました。

「私は…この村で…できる修行は…全て……終えました。これ以上…やることがないので……ひたすら話さない修行を続けています。**私は……欲の苦しみから脱する『無欲』の修行法を…見つけたいのです…**。苦しみは……欲があるから生まれます……。精神を……鍛える………厳しい修行で……苦しみを乗り越えた果てに……平穏な……無欲の境地に至ると……信じて……います…」

　私はあなたにこれ以上の苦しみを与えることはできませんよ、とマスターは顔の前で手を横に振りました。

「………違います。私を……あなたの……旅に……同行させては……くれませんか……。『ラストエデン』へ行けば……真の修行がわかる……。どうか私を連れて行ってくださいませんか……」

　最後の一息に彼の意気込みを感じたマスターは微笑みました。

「よいでしょう。明日の正午ちょうどに出発します。同行されるなら村の出口に来てください」

「ありがとうございます……、旅のお方。では……明日……また……」

　修行僧は静かに瞑想に戻りました。マスターと少年は一礼し、村の奥へと足を進めました。

「どいてどいて～～～！！！」

　村の大通りを進むと、遠くのほうから道のど真ん中を女性が全速力で駆け抜けてきます。走りながら対向する人込みにぶつかるのもお構いなし、服が露店の柵に引っかかってもお構いなし。

　むしろ彼女の走った後の砂埃（すなぼこり）に通行人達が巻き込まれゲホゲホと咳き込み、罵声（ばせい）さえ聞こえます。女性はちょっとした騒ぎを巻き起

こしていました。

　通行人の悲痛な声は彼女の耳には届いておらず、女性とマスター達との距離はどんどん縮まります。マスターは服で口元を押さえ、ぶつからないように女性の進行方向から一歩横へずれました。

　ドンッ！

　マスターが避けた途端、後ろを歩いていた少年と衝突しました。女性の勢いはぶつかった衝撃の音に移り、悲鳴を上げ少年共々転倒しました。

「ちょっとー。危ないじゃない！　急に前に出てこないでよ！」

　女性は自分からぶつかったことにさえ気づいていない様子で、非は相手にありと怒りを散らしています。

　マスターは転んだ女性に手を差し伸べ、起こし上げました。

「おケガは？」

「え⁉　私を心配してくれるの？」

「当然のことですよ」

　マスターの気遣いに機嫌をよくした女性は、急ぐ足を落ち着かせながら微笑み返しました。

「人に心配してもらったのは子供の時以来ね。みんな、私が大工の娘だからって頑丈だと思ってるのよ。って、ああ、早く行かなくちゃ!　私がこんなに急いでいるのは、その角を曲がったところにすごく当たる占い師が今だけ来ているのよ。私も見てもらわなきゃって。ぶつかったことは謝るわ!　ごめんなさーい!」

　謝罪もそこそこに女性は走り去りました。

　マスターは転んだ少年にケガはないか尋ね、服についた土を払いました。大通りの慌ただしさも、何事もなかったかのようにいつもの風景へ戻りました。

　半刻が経過し、眉間にしわを寄せた女性が占いから帰ってきました。

　マスターと少年の前に立つと、ハァァ〜とため息を浴びせました。

「イカサマだったわ」

　すごく当たるなんてウソよ、と占いの結果についてぼやき出しました。

「聞いてくれる?　隣の家の子がそこの占い師に行って彼氏ができ

たのよ。私のほうが可愛いのに、あの子のほうが先っておかしくない？　だから私、占い師にお願いしたの。私にも彼氏ができるようにしてって。私がお願いしているのに、あの占い師、何て言ったと思う？『友達を大切にしなさい』だけよ！　そんなこと、わかってるわよ」

「素敵な結果ですね。私もそう思いますよ」

　マスターは占い結果に同意しました。少年もウンウンと頷きました。

「私、友達は多いの。これって私が大切にしてきている結果じゃない？　占いって、もっと、こう、願いが叶う魔法みたいなアドバイスとか、そういう感じのあるじゃない。近所のお姉ちゃんは前世も見てもらったって言ってたわ。私には一言だけって……不公平だわ」

　女性の苛立ちはなかなか落ち着きません。キーキー喚きながら話を続けます。マスターと少年はしばらく女性に付き合うことになりました。

　散々話したいだけ話して満足した女性はマスターに質問しました。

「そういえば、あなた、ここらじゃ見ない格好しているわね。旅人

なの？　こんな田舎に何の用？」

　マスターは答えました。

「私達は、誰でも訪れると願いが叶い続ける地『ラストエデン』へ
向かっています」

「なんですって？　それ、マジ？　早く教えてよ！　行くだけで願
いが叶うなんて！　そんな昔話みたいな話、ほんとだったらすごい
じゃない。私をそこへ連れて行ってちょうだい。欲しいものがいっ
ぱいあるの」

　女性は自分の欲求を並べ立てました。

「新しいドレスに首飾りに……。そうよ！　彼氏もそこでお願いし
たらできるじゃない！　**私はね、いつも綺麗で友達みんなが羨む
『理想の私』でいたいの**」

　マスターは微笑みました。

「よいでしょう。明日の正午ちょうどに出発します。同行されるな
ら村の出口に来てください」

「え！　ほんとにいいの？　嬉しい！　言ってみるものね！　じゃ
あまた明日よろしくね！」

　また前も見ずに勢いよく走り去る女性を見送りながら、少年は言いました。

「嵐みたいな人だなぁ……」

　マスターと少年はさらに村の奥へとやってきました。そこには広大な川が流れていて、生活水を汲んでいる人、沐浴をしている人、川で遊ぶ人で賑わっています。　２人も飲み水を求めて川縁へ近づきました。

「やぁ、旅のお方！　喉が渇いたのかい？」

　背後から陽気な声が聞こえてきました。声の主は若く、まだあどけなさが残る青年で、年齢のわりに世間慣れをしており、初めて会うのに前から友達だったかのような親しみを感じました。

「これ、使いなよ」

　少年が川の水を手ですくおうとしているのを察し、彼は手に持っていたコップを差し出しました。

「ありがとう。とっても気が利きますね」

「あはは。そんなことないよ。俺はただの遊び人だからさ！」

　なるほど、と少年は頷きました。遊び人と自分で言うだけあって、彼の腰には笛やサイコロを入れた袋が提げられ、いつでもどこでも遊べる状態にあります。首には三重にネックレスを掛け、右腕には皮を編み込みにしたブレスレット、左腕には金のブレスレットをはめ、村の伝統舞踊の衣装を纏（まと）っています。

　踊りが好きなんだ、と遊び人はペコリと一礼し踊り始めました。

「俺さ、働くの嫌でさ。こうして毎日歌って踊ってるんだ」

「お上手ですね」

　マスターは微笑みました。隣で少年は大きな拍手をしました。

　遊び人が踊り出すと、「おっ！　始まったな」と川縁にいた人が続々と集まり、あっという間に囲みが出来上がりました。人が増えるほど遊び人は楽しくなるようで、踊りにも熱が入ります。

「みんな！　いつもありがとう！　ここで踊るのが何よりも楽しいや！」

　川原での彼のショータイムが終わると、マスターは楽しませてもらったお礼を伝えました。少年は初めて見る民族舞踊に心が躍りました。

「素敵でした！　観客の方も温かいし、ここは素敵な場所ですね」

「だろ？　俺も好きさ」

　遊び人は地面に散らばっている自分への投げ銭を拾い集めながら答えました。

「好きなんだ、ここが。人生楽しむためのものは全て揃っているだろ？　毎日こうしてみんなと騒いで楽しんでいるだけで幸せなんだよ」

「それは幸せですね」

　マスターは微笑みました。

「俺は金持ちの家の子だから、生まれた時から欲しいものは全て手に入ってきたんだ。働かなくたって生きていけるんだ。最初から人生約束されてるんだぜ。俺って幸せ者だろ？　うん、あんたも幸せそうだな」

　遊び人はマスターが常に微笑んでいるのに興味を示しました。

「その笑顔を見たらわかるよ。でも俺の幸せとはちょっと違うなー。あんたは金持ってなくても幸せそうだ。なぁ、あんたは何してるんだい？」

「私達は、誰でも訪れると願いが叶い続ける地『ラストエデン』への旅の途中です」

「願いが叶い続ける？　そんな夢みたいな場所があるのか！　面白そうだな。今よりもっと遊べるってことだよな！」

　遊び人はマスターへグイグイ詰め寄りました。

「村の外には面白いことも多いんだろ？　**俺はとにかく楽しんでいたいんだ。俺の人生『遊び』だけで作れたら最高だよなぁ！**　あんた、俺をそこへ連れて行ってくれよ。なぁなぁ、いいだろ〜？」

　マスターはそれを聞き微笑みました。

「よいでしょう。明日の正午ちょうどに出発します。同行されるなら村の出口に来てください」

「ああ、いいとも。これで家の跡も継がなくてよくなるってもんだ。よかったよかった！　あっ、もう次の場所で踊る時間だ。俺、行くよ！　明日はよろしくな！」

　去っていく遊び人の背中を目で追いながら、少年はマスターへ質問しました。

「マスター、みんな旅に同行したいと言いますが、僕の時といい断

らないのですか?」

マスターは笑って答えました。

「既に決まったことは私には変えられませんよ」

　マスターと少年は川に沈んでいく夕陽を眺めながら、今日泊まる宿を探しに通りへ戻りました。少年は明日から旅の仲間が増えると思うとワクワクしました。

「マスター。仲間って僕初めてで。家族でも友達でもないなら、どういう感じなのでしょうか?」

「そうですね。同じ未来を見て共に歩んでいく者、と言えますね。そして助け合い励まし合い、喜びを共にする家族でもあります」

「家族か……」

「私達は血が繋がっていなくても家族になれるのですよ。あなたは既にそうではありませんか?」

　マスターは、宿屋の主人と奥さんの少年に対する気持ちがどれほどのものかを伝えました。

「私達の繋がりとは目には見えないものです。血が繋がっていたと

しても表面上は見えていません。ですので、お互いが『繋がっている』という感覚を信じ合うしかないでしょう」

「僕は信じていても相手が信じていなかったら？」

「そういう場合もありますね。でも大切なのは、**あなたの信じる強さ**です」

「僕の信じる強さ？」

「そう。あなたの、ですよ」

　少年はそこから黙って、今の会話の内容を理解しようと一生懸命考えました。

　今回もまた、少年は眠りに落ちるまで考え続けることになりました。

　こうして、マスターと賢者、先生、修行僧、女性、遊び人、少年の7人の旅の仲間が揃いました。この先どんなドラマが繰り広げられるのでしょうか。

　物語の続きは、次の始まりへ……。

～マスターを見つけよう～

世界が大きく動く出来事。そこには人々を導き、
大切なことを伝えるマスター（導く人）の存在があります。
あなたが困った時、迷った時に導いてくれる人はいますか？
何を大切にするとよいのか、心の在り方を教えてくれる人はいますか？

STEP 1

あなたが尊敬している人を2人あげてみましょう。身の回りの人だけではなく、歴史上の人物や目に見えない存在でも構いません。その2人はあなたの人生の進む先を照らし、共に歩んでくれるマスターかもしれません。

1人目のマスター _____

2人目のマスター _____

STEP 2

STEP1で選んだ人はマスターの特徴にいくつあてはまるでしょうか？
チェックしてみましょう。

□ 優しい

□ 穏やか、争わない

□ 人気者である

□ 誰に対しても平等

□ 謙虚

□ 執着がない

□ 行動力がある

□ 恐れがない

□ 知恵がある

□ スピードが速い

□ 揺るがない精神力を持つ

□ 何でも楽しむユーモアがある

□ みんなが喜ぶ選択肢を見出す

□ 遠い未来に起こることがわかる

□ 相談に来た人には、その人の才能で
　自立できるように引き上げてくれる

□ 誰に言われなくても継続できる

CHAPTER
2

混沌の地

　物語の始まりはいつだって突然起こります。

　この世界は常に始まりの連続でできているのです。

　さて、今回のお話はマスターと共に願いが叶い続ける地『ラストエデン』へ向かうと決めた賢者、先生、修行僧、女性、遊び人、少年の7人の出発を描きます。

　早朝。マスターは起きると、表から聞こえる大きなガタゴト音と話し声に気づき、外に出ました。同じ宿に泊まっていた商人が、カゴいっぱいに荷物を積み上げ紐でくくりつけています。少年も手伝っていました。

　商人は町から町へ商品を背負って運ぶ行商をしており、この町でもたくさんの商品を仕入れ隣町へ出発するところでした。

　マスターは近づき、商人に話しかけました。

「おはようございます。そんなに多くの荷物を抱えて、どこへ向かうのですか？」

「おいは町を渡り歩いで物売りしてら。今がら南の村さ行ぐところ

だぁ」

　商人の言葉の訛りに、だいぶ遠くからやってきたことがわかります。

「素晴らしいですね。ではたくさん売れるのですね」

　マスターは微笑み、商品を眺めました。

「それがさっぱり売れねぇ」

　商人は肩を落とし、参った、といった表情で答えました。少年はマスターに質問しました。

「なぜ、たくさん商品があるのに売れないのでしょう？」

　マスターはフフッと笑いました。

「簡単なことですよ。そんなにたくさん１か所に詰め込んだら商品が傷んでしまいます。お客様は傷んだものを買いたいと思いますか？」

「傷んだものはだめだよ！　宿屋でも野菜が傷むとすぐ捨てています。でも商売するには、いっぱい商品を持って行かないといけないし。マスター、どうしたらいいのでしょうか？」

「おいにも是非教えでください‼」

　マスターは頷くと商品が積まれたカゴの横に立ち、商人に問いか
けました。

「では、この商品の中で**3つだけ**『**大切に持ち歩けるもの**』を選ん
でください」

「3つだげだが！」

　商人はカゴをしげしげと眺め、悩みながら選別しました。

「決めだ。銀の皿とミルラの香水、砂時計だ」

銀浪の地

「では、あなたはこの３つを大切に持ち歩き、それを売りなさい」

　商人が選んだものは確かに素敵な品ですが、他にも質の良い、もっと売れそうな商品はいくつもありました。

「それで売れるのでしょうか？」

　少年は首を傾げました。

「少年、あなたが買い手なら……と考えてみましょう。**ガラクタを買いたいですか？　それとも、売り手が最も大切にしている物を買いたいですか？**」

　マスターはカゴから商人が大切にしたい銀の皿と、売りたいだけの鉄の皿を取り出し、少年に見せました。どちらも素晴らしい品ですが、大切にされていると聞くと、銀の皿が特別に輝いているように見えました。

「もちろん、大切にしている物を買いたいです。…………あっ！」

　少年はそう言った途端、目を輝かせました。

　商人も大好きな物だけを持ち歩くと決まったら、ウキウキと商品をカゴに詰め始めました。

「この３つは可愛くでたまらんだ。持ち歩ぐのが嬉しぃなぁ」

「大切に扱ってくれるお客さんが来てくれそうですね」

　マスターと商人は顔を見合わせて微笑みました。

　太陽が頭の真上に到着する頃、村の門に全員集合しました。

　マスターは一人ひとりの顔を確認し、告げました。

「みなさん揃いましたね。これからこの７人で『ラストエデン』へ向かいます。私たちは旅の仲間です。協力し、助け合い、進んでいきましょう」

「僕、この旅でマスターだけではなく仲間のみなさんからもたくさん勉強します」

　少年は少し緊張気味に挨拶しました。

「マスター、私もそう呼ばせていただくわ。引率お願いね。私はこの村で一番美しい娘よ。よろしく」

　女性は得意げに髪をかき上げましたが、背中の大きなリュックが邪魔して綺麗にはなびきませんでした。

「お姉さん、旅は初めてですか？　荷物がいっぱいですね」

　少年は女性の体の幅の２倍はある大きなリュックに目を丸くしま

した。

「ええ。この村から出るなんて初めてで、何が必要かわからないし
……。それに、いつ戻ってくるかもわからないんだもの。考えたら
あれもこれも必要だと思えてきちゃって。準備していたらリュック
が膨れ上がってしまったわ」

　女性がリュックを背中から地面へ下ろすと、ゴトン！　と大きな
音が響きました。

「それは女性が背負って歩くには重いでしょう。僕、持ちますね」

　少年は女性からリュックを預かりました。背負った瞬間、体が後
ろにのけぞり、踏ん張らないと立っていられないほどの重さです。
足がプルプル震えていても少年は笑顔を崩さないよう頑張りました。

「僕、いつも宿屋の仕事で、お客様の荷物を運んでいたので重いの
には慣れていますが……。ずっと背負って歩くには重すぎますね。
それにしても、こんなにたくさん何が入っているのかな」

「確かにすごい量ですね。そうだ、自己紹介も兼ねて持ち物も紹介
し合いましょう。みんなの荷物を把握し合えば、何かあった時に助
け合いやすくなるでしょう」

　賢者が提案し、全員が賛成しました。

「まずは、言い出した私から……」

　賢者から自己紹介が始まりました。

「私は人々から賢者と呼ばれ、あらゆる技術を駆使し、問題に対応
してきました。物事は法則さえ理解すれば容易なのです。しかし、
技術というものは日々進化するもの。法則は普遍でも技術は留まり
ません。社会によりよく貢献できる最新の技術を求め、旅に志願し
ました」

　賢者は一礼しました。

「賢者様、よろしくお願いします。ところで、これから旅に出ると
いうのにあなたは鞄の一つも持っていない。賢者様ともあろうお方
が、何もご準備されていないのですか？」

　先生が不思議そうに質問すると、賢者は袖の中から何かを掴み出
し、一同の目の前に呈示しました。

「これは……コンパス？」

「ええ。そうです。これさえあれば道に迷いません。星を読んでも

いいのですが、空が曇っていたら読めないでしょう。迷いは人を重くし、歩みを遅らせます。早く目的地に着くためには現在地の把握が不可欠でしょう」

　賢者の手の平に乗った小さなコンパスの針は、小刻みにフルフルと揺れながらマスターのほうをさしました。

「次は私でいいですか？」

　先生はコホンと咳払いをし、話し始めました。

「私はこの村で一番賢い学校の先生です。教育だけではなく商業でも村の発展に尽力し、村を正しい方向へ導いています。この旅の目的も村をさらに発展させる力を得るためです。そうそう、村の法律を定めたのも私です。私の正義は悪の心を許しません。旅の最中、何が正しく何が間違っているのかを私が判断致しましょう」

「へぇ。先生が村の法律を決めたのか。それは知らなかったぜ」

　遊び人は感心しながら軽くパンパンと拍手し、先生を称えました。

「君は学校にも来ないで遊んでばかりいるから知らなかったでしょう。まぁ、そんなことより、私の持ち物をご覧なさい」

　先生はフーッとため息をついて、自分の荷物をポケットから出しました。

「あんたもこれだけかい？」

「これさえあれば心配はいりません」

　先生がみんなの前に差し出したのは、手の平サイズの多機能ナイフでした。

「これは私の特製品です。ハサミやナイフはもちろん、コルク抜き、サバイバル用のノコギリ、木の焚きつけ用に穴空けも装着し、野営も困りません。困る時というのは大抵準備不足なのです。様々な結果を想定し、準備を怠らなければ日々困ることはないでしょう」

　遊び人はヒュッと口笛を吹き、頼もしいなぁ！　と隣にいた修行僧の肩をバンバン叩きました。修行僧は静かに頷きました。

「じゃあ、次はあんたのことを話しておくれよ」

　遊び人に指名された修行僧はゆっくりと口を開きました。

「………………」

　口が開いて言葉が出てくるまでにしばらく間が空きました。せっ

かちな女性は待ちきれなくなり、代わりに喋りたくて口をパクパク
動かしています。

「………修行のためだ……」

　その一言だけで修行僧の口は固く閉じられました。痩せこけた身
に、ボロ布一枚掛けただけの姿は、どう見ても何も持ってきていな
いとわかります。これ以上彼を詮索しようとは誰も思いませんでした。

「次は私ね！　テンポよくいきましょ！　さっきも言ったけど、私
は村で一番美しいの。そして、もっともっと美しくなりたいし、欲
しいものがいっぱいあるわ」

「お姉さんは何が欲しいの？」。女性の主張に少年が質問しました。

「美貌を手に入れたら、次は財産持ちの彼氏ね。私の友達はこの
間、村で五本の指に入る商人の家に嫁いだわ。いいわよね〜！　私
も毎日カワイイ格好をしたいし、生活にも困りたくないわ。『ラス
トエデン』って場所で何でも手に入るなら、一生困ることがない。
私は幸せになりたいの。女の子の一生は彼氏で決まるとみんな思っ
ているわ。男の子はいい彼女が欲しかったら選ばれるように頑張り

なさい」

　女性は早口で答えました。

　少年は「男の子って大変なんだね。そうなの？」と隣の遊び人にコソっと聞くと、遊び人は「あいつが大変なのさ」と女性を見ながら小声で漏らしました。

「さあ！　荷物を見せるわ。坊や、出してちょうだい」

　少年はリュックの中から女性の荷物を取り出しました。まず、大きな鞄が２つ。

「鞄を開けてください」と先生が促しました。少年が鞄を開けると、小さな鞄が３つ詰まっていました。その内の１つを開くと、小さな麻袋が出てきました。

「鞄が多いですね、それぞれ何が入っているか覚えていますか？」

　賢者が女性へ聞きました。女性は「そうね。完璧ではないけどね」と肩をすくめました。

　全員で手分けして女性の荷物を全て広げました。

　ランタン、マッチ、ロープ、フライパン、鍋、カップ、お皿、ナイフ、紙、パン、干し肉、ハーブ、香辛料、瓶詰のピクルス、水筒、

大判の布、銅貨が数枚、髪飾りと首飾り。

「あとは、暑い土地用の着替えでしょ。寒くなった時の上着に……」

「おいおい。どれだけ服持ってくんだよ。こんなに荷物あったら重いだろ」

「だって心配じゃない。何が起こるかわからないのよ」

「僕、荷物持ちのお手伝いしますよ」

　少年はテキパキと女性の荷物をリュックに戻し始めました。

「これはお前一人では無理だろ」

　これだけの荷物を少年だけが持つには重すぎるから、と遊び人が分担を買って出ましたが、横にいた修行僧を見て荷物を丸ごとパスしました。

「おい、これ、修行に持ってこいだぜ」

「…………」

　重い荷物を持ちながらの旅は良い修行になる、と言いながら修行僧へリュックを背負わせました。

「…………重……い……」

　修行僧はリュックの重さに耐えプルプルしながら踏ん張っていますが、全身で感じる苦しみにどこか嬉しそうです。

　少年は遊び人と修行僧にお礼を伝えました。

「お気遣いありがとうございます。修行僧さん……お一人で大丈夫ですか？」

　修行僧は黙って頷きました。

「いいってことよ。……しかしな〜、はなから人を巻き込んで。**荷物が混沌（カオス）なら持ち主も混沌**だな」

　遊び人はヒュゥッと口笛を鳴らしました。

「じゃ、みなさん俺に注目だ」

　遊び人は６人の輪の中に踊り出て、歌交じりに話し始めました。

「俺はこの村の遊び人さ。みんなみたいな大きな目的も欲もない。毎日楽しめたら幸せだ。ただ、面白さを求める欲はある。外の世界にはまだまだ俺の知らない面白いことがいっぱい溢れている。これは俺自身が面白くなる可能性を求める旅でもある」

　遊び人は歌いながら持ち物を紹介しました。

「荷物は踊った後に投げ銭を入れてもらう帽子、弾き語り用のギターに横笛だ。あとはサイコロと、カードと、チェス」

「ほんとに遊ぶことしか考えていませんね」

　先生は皮肉めいて呟きましたが、すぐに少年の歓声でかき消されました。

「すごい！　お兄さんは演奏もできるのですか。僕もできるようになりたいな」

「いいぜ。楽しもう兄弟！　楽しんでりゃ旅なんてうまくいくさ」

　楽観的な遊び人の姿を見て、先生はやれやれとため息をつきました。

「少年よ、あなたの荷物はないのですか？」

　賢者は遊び人のギターをいじり出した少年に声をかけました。

「はい、賢者様。僕自身の持ち物はありません。僕は隣の村の宿屋で働かせてもらっていました。親はいなくて、宿屋のご主人が僕を拾い育ててくださいました。小さな宿屋だし、自分たちが毎日食べていける分くらいの稼ぎなので、調度品は新しく買うよりもご主人

と奥さんが手作りでこさえていました。宿屋の物は全て大切で、旅へ持ち出せない物ばかりでした」

　少年は賢者から順番に一人ひとりの顔を見渡し、言葉を続けました。

「持ち物はなくても僕にはこうして今、仲間ができました！　人が集まれば何でもできる、とご主人はいつも言っていましたし、『ラストエデン』に向かうことよりも、マスターと同じ景色が見たくて、旅へ連れて行って欲しいとお願いしました。僕たちを導いてくださるマスターも何も持っていらっしゃらないですし、丸腰でも大丈夫かなって思っています」

　マスターは微笑みました。

「私は何も持っていませんが、全て持っていますよ」

　マスターは両手を広げました。

「え……どこに？」

　マスターの一言に全員がポカンとなりましたが、マスターは構わず歩き出しました。

「さあ、太陽も動きましたし、出発しましょう」

～混沌（カオス）のお部屋～

目の前の出来事が複雑でよくわからないことになっていたり、
難しく考えて行動が止まってしまう『混沌』と呼べる状況の時は、
身の回りに物が多く、片付いていない場合が多いです。

STEP 1

あなたの家にある持ち物の量をチェックしてみましょう。
部屋の広さを100％だとしたら、何パーセント物で埋まっているでしょうか。

STEP 2

鞄の中身を全部出しましょう。そして、最低限必要な物だけ鞄に戻しましょう。
いつか使う、いざという時に使うという物は鞄から出しましょう。
鞄は軽くなりましたか？　鞄のサイズは小さくできますか？

あなたの部屋の物の量や普段持ち歩く物の量。これは**心の中に持つ恐れの量**
と比例します。
必要な物だけに削ぎ落としていくことで、今手元にあるものだけで物事に対
処していく知恵を出しやすくなります。知恵があれば物を増やして解決する
のではなく、お金や時間を極力かけずに解決できるようになります。
自分自身で解決が可能なら物に頼ることも減り、身の回りはどんどん軽くな
っていくでしょう。

持ち物は良いものを1つ、少しの量を持つようにしましょう。
私たちの生き方は本来、とてもシンプルです。自分のゴールに対して何が必
要なのか。恐れがなければ必要な物以外は手放すことができます。

　こうして7人はマスターを先頭に、村の外へ踏み出しました。

　旅の仲間たちは『ラストエデン』を迎え、目的を果たした未来の姿をお互いに想像し合いながら楽しく歩きました。

　日が暮れ始めた頃、綺麗に並んでいた隊列が乱れ始めました。女性の荷物をずっと担いでいる修行僧の足取りが重くなり、マスターとの差が開き始めています。

　女性が修行僧の元まで戻り、荷物を渡すよう掛け合いました。

「修行僧さん、荷物重いでしょ。私の物だし、自分で持つわよ」

「…………」

　修行僧は首を横に振り、何度も列の前方を指さしました。無言の「戻れ」でした。女性はバツが悪そうな顔で引き返しました。その後も賢者や先生が何度か修行僧を手伝おうと声をかけましたが、修行僧の返事はどれも首を横に振るだけでした。

　それからは、乱れた隊列のまま歩き続けました。マスターはペースを落としましたが、マスターと修行僧との距離は時間の経過と共にどんどん広がっていきます。ついに修行僧の姿が米粒大にしか見えないほど遠くなってしまったので、一同は足を止め修行僧の合流

を待ちました。

　一刻がたとうとした時、ドサッと大きな音が聞こえました。

「大丈夫か!?」

　先生が大きな声を出しました。全員が修行僧へ目を移すと、遠く
に見える修行僧が倒れています。

「マスター、僕、彼を助けに行きます」

　少年は駆け出そうとしましたが、グッと肩を掴まれ制されました。
肩を掴んだのはマスターでした。

「待ちなさい」

「なぜですか?　彼は倒れてしまいました。助けないと」

　少年は意味がわからないという顔でマスターの手を振り払おうと
しました。それに対して、マスターは諭すように優しく少年へ言い
ました。

「大丈夫ですよ」

　少年はますます意味がわからないと思い困惑した表情を浮かべま
した。マスターの視線は少年ではなく、ずっと修行僧を見据えてい

ます。少年はそれに気づき、修行僧へ目を戻すと、修行僧は震えな

がらも立ち上がり、歩き出しました。

「彼が選んだことなら大丈夫です」

　マスターは微笑み、少年へ顔を向けました。

　その様子を見ていた賢者が提案しました。

「あの荷物を軽くすればこの問題は解決します」

　次に先生が主張しました。

「まず旅に不必要な物を持ってきている時点で間違っている。リュ

ックごと置いていきなさい」

　女性は２人の意見を聞き、反発しました。

「私は初めての旅で不安なのよ!?　２人とも私のことちゃんと考え

ての発言かしら?」

　遊び人は待つことにしびれをきらし、近くの草むらで草笛を作っ

ていました。

「この国一番の草笛名人とは俺のことさ!　みんな聴いておけよ!

曲名は『７人の勇者』だ。いくぜ……」

　ピヒュィ〜〜〜〜。不安定な高音が辺りに響き渡りました。遊び

人は目の前の出来事をよそに、一人で楽しんでいます。

　みんなの様子を見た少年は、マスターに問いました。

「マスター、僕は修行僧さんにも旅を楽しんで欲しいと思いますし、お姉さんの荷物も持って行ってあげたいと思っています。両方を叶えるにはどうしたらいいのでしょうか？」

　マスターはその問いに微笑み、少年へ一言だけ伝えました。

「信じなさい」

　少年はしばらくマスターを見つめると、コクンと頷き、心の中で修行僧を応援しました。

　太陽がほぼ沈み、空が闇の色に染まる頃。

　やっと修行僧はマスター達に合流しました。修行僧は荷物を下ろし、全員に向かって深々とお詫びの礼をしました。

「荷物を持ってくれてありがとう。ここからは自分で持つわ」

　女性がリュックに手を伸ばすと、先生が女性に告げました。

「ここから先、次の村までもうしばらく歩きます。体力のないあなたがリュックを担いだところで、同じことがまた起こるでしょう。

先ほど中身を拝見しましたが、必要のない物も多い。いらない物は
ここに置いていきなさい」

　女性は涙をこらえて反論しました。

「いやよ。私にとっては全部必要なの。ここで手放すことはできな
いわ」

「少し減らすだけでもできませんか?」

　賢者が提案しても女性は首を縦には振りません。

「それも無理。1つでも手放すくらいなら、私は帰るわ」

　少年は驚いて女性を止めました。

「お姉さんは『ラストエデン』へ行って、彼氏さんや豊かな生活を
お願いしたいのではないのですか?　願いが叶い続けるのであれば、
今手放してもまたいくらでも手に入るでしょ?　それなのに帰って
しまうのですか?」

　女性は少し考えた様子でしたが、ハッキリとした声で答えました。

「ええ。私は今この荷物が必要なの。手放したら先に進めないわ。
だって、怖いじゃない。明日食べる物も着る物もないことを想像し
てみて。ランタンがなければ真っ暗だし、テントがなければ寝てい

る姿が丸見えで危険だわ。**危険を冒すくらいなら、私は今までの生活で幸せを探したほうがいいのではないかと思えてきたの**」

　女性は一呼吸置くと、マスターに向かって言いました。

「ここで旅を降りることにしたわ。でもね、少しでも、村の外に出ただけでも、私の幸せが何かってことに気づけたと思う。マスター、ありがとう」

　マスターは微笑みました。

「はい、いい旅になりましたね」

　女性は旅の仲間一人ひとりと握手をし、荷物を引きずりながら村へと帰って行きました。

　修行僧は少し休憩したら体力も戻り、一同はまた進み始めることにしました。

　女性の姿が遠のき、見えなくなる頃に、少年はマスターへ質問しました。

「マスター。もし、荷物をみんなが分担して持ったら、お姉さんも旅を続けられたのではないでしょうか」

　マスターは答えました。

「そうですね。確かに、女性の問題は解決するでしょう。しかし、全員が喜んで荷物を持ちたいと思いますか？　ここで新たな問題が生まれます」

「確かに、僕はよくても他の方の気持ちを確認しないといけませんね」

　すぐ目の前のことに対処することだけが優しさではないのかもしれない……、と少年は思い、みんなが何を思っているのかをもっと汲み取ろうと決めました。また、同時に、自分のことだけ考えていたことに気づき、少し恥ずかしくもなりました。

　マスターは続けて少年に教えました。

「根本の問題は彼女の中の恐れです。恐れは新たな恐れを生み出します。内なる恐れがなくならない限り、荷物があろうがなかろうが、変わらないのです」

「恐れ、ですか……」

　少年は今教えられたことを、心の中で何回も復唱しました。意味を理解しようとしましたが、今はまだ、わかりません。彼が理解す

るのは、もう少し先になりそうです。

　マスターの導きで彼らは無事、『ラストエデン』にたどり着ける
のでしょうか。

　物語の続きは、次の始まりへ……。

CHAPTER

3

誘惑の地

　物語の始まりはいつだって突然起こります。

　この世界は常に始まりの連続でできているのです。

　さて、今回のお話はマスターと共に願いが叶い続ける地『ラスト
エデン』へ向かうと決めた賢者、先生、修行僧、遊び人、少年の６
人が、夢のような町を訪れるところから始まります。

　太陽が地平線から顔を覗かせました。荒野を照らしながら、草花
に一日の始まりの合図を送ります。

　修行僧が朝の瞑想をしています。先生と少年が体を起こすための
軽い体操をしている横で、マスターと賢者は方角の確認をし、今日
の計画を話し合っています。遊び人は修行僧の真似をして瞑想をし
ていましたが、途中で飽きたので石を積んで遊んでいます。

「さあ、出発しましょう。太陽が上りきる前には次の町へ到着でき
るでしょう」

　マスターが手をパンパンと叩いて、全員の視線を集めました。

「マスター、次の町はどんなところだい？　前みたいに飯がうまい

ところだといいな」

　遊び人はニカッと笑い、朝ごはん用の干し肉を鞄から取り出し、マスターに手渡しました。

「ありがとう。次は様々な顔を持つ町です。面白いところですよ」

　マスターの言葉に一同は期待を膨らませ出発しました。

　女性と別れてから１０日が経過しています。その間に町を３つ通り、川を１本渡り、森を２つ抜けました。少年が歩きながら足元を見ると、靴のつま先に穴が空いていることに気づきました。もともとボロボロではあったけれど、随分遠くまで来たな、と旅が進んでいることを実感し嬉しくなりました。

　太陽が頭上をジリジリと焼き始めた頃、町が見えてきました。

「高いですね」

　賢者が町の構造を知りたがるように呟きました。山肌に沿って町が作られ、道は全て坂道になっています。建物が螺旋を描くように積み上げられた、縦に長い町でした。

　町は遠目から見ると、建物の雰囲気でいくつかの区域に分かれて

いるのがわかりました。外景の美しさはお構いなしに赤や黄色、青
と色とりどりの建物がひしめき合っている商店街、観光地用に見映
えよく整備された庭園もあれば、同じ家ばかり並ぶ住宅街や、明か
りが賑やかな歓楽街もあります。海側にも面しているので港があり、
他国との貿易も盛んなようです。

　出入りの門に近づくに連れて、荷馬車や商人、旅人が増え、騒が
しく行き交っています。

「………………」
「修行僧さん、あの変わった格好の方が気になりますか？　おそら
く東の国の文化ですね。それに向こうは北の国でしょう。こんなに
他国と取引できるとは、どんな商売が盛んなのでしょうか。是非参
考にしたいですね。うん？　あれは何でしょうか……」
　門を眺める修行僧の横で、先生は顎を撫でながら呟き、脇を通っ
た商人が背負っているカゴに詰め込まれた得体の知れない果物を目
で追いかけました。
　修行僧は、たくさんの坂道を上ることで修行ができると思ってい

ただけでしたが、勘違いされていても修行には差し障りがないため
何も言い返しませんでした。

　遊び人は目の前を通過する異国の踊り子の女性を目で追い続けて
います。少年は遊び人が体ごと追いかけるのではないかと心配し、
袖をしっかりと握りました。

「お兄さん、そんなに人をジロジロ見て失礼ですよ………わぁ、い
い匂い」

　踊り子から漂うエキゾチックな香水の香りに少年は気を取られ、
手を緩めてしまいました。途端に遊び人は踊り子に吸い寄せられる
ように後を追いかけて行きます。

「みんな、俺は一足先に町に入る。見聞を広めに単独行動をとらせ
てもらうぞ。滞在は１日だったな。明日朝、またここへ集合しよう。
じゃあなっ！」

　にんまり顔の遊び人は振り向きもせず言い放ち、門の中へ消えて
いきました。

「自由な方ですね。時間通りに集合できれば問題はないですが。そ
れぞれ見たい場所もあると思いますし、私たちも自由行動にしまし

ょうか」

　先生も早く中に入りたくウズウズしているのがわかります。

「それでは、今日は宿も各々でとりましょう」

　マスターが提案し、全員が了承しました。

　門を抜けた後は、マスターと少年、修行僧のグループ、賢者と先生のグループに分かれることにしました。マスターは「楽しみましょうね」と２人を見送りました。

　先生と賢者はまず観光案内所へ向かい地図を手に入れると、町を見渡せる高い場所へ移動し、町の構造を調べ始めました。その後、港に行き、商船の乗組員と地元の漁師に貿易や漁の様子、造船について質問をした後、学校を訪問し子供たちの教育状況を見て回りました。

　先生は商業を発展させるヒントを掴もうと質問を繰り返し、一字一句漏らさず紙に書き残しました。ヤシの葉から作られた紙もこの町の特産物です。観光案内所で見つけ、町の調査用にたくさん購入していました。

　賢者は教育事情から、町の治安と発展度合いを推測し、なぜ多くの異国文化が交ざり合えるのか理解しようと励んでいます。

　一通り調査を済ませた2人は静かな宿にこもり、会議をしながらお互いの調査結果をまとめることにしました。

「この土地の地盤なら高く積み上げても問題ないのだな。温暖な気候と海流が水産業を発展させているのか。織物も盛んだな。もっとここをこう……この流れを追加したら増益が見込めそうだ。やはり私はうまくいく方法しか思いつかない」

「先生はさすがですね。その計画であれば、異国から人が集まりやすく異文化交流も盛んになるでしょう。人の輪が広がれば、我らの町の文化は大いに発展します。しかし、生活や考え方、宗教の違いで摩擦はないのでしょうか。調和を保つこの町の法律はどんな意図のもと決めているのか。面白い。先生、町の階級制度と宗教の関係は……」

　自画自賛の先生と探究が止まらない賢者の会議は朝まで続くことになります。

　一方、マスターと少年、修行僧は門から続く飲食店街から散策することにしました。所狭しと屋台や食材屋、休憩用の茶室、ごはん処が並び、どの店からも食欲をそそるいい香りが漂っています。

　外の町から来た客を捕まえようと、客引きが威勢よく呼び込みをしています。あまりにも大きい声が飛び交うので、隣の人の声がかき消され会話ができません。

　少年は通路の両側に並んだ店をキョロキョロ見回しながら進みました。観光客にしか見えないしぐさに、道の両側から声がかかります。

「そこの若いお兄ちゃん！　うちで食べてきな！」

「新メニューの芋団子だよ。甘いよ甘いよ〜」

　少年の腕が客引きにグイと引かれました。咄嗟に修行僧は客引きの手を振り払い、マスターと修行僧の間に少年を置きました。前を見て歩きなさい、とマスターが少年に目配せします。

　マスターは2人を通りで一番目立つ看板の店に連れて行きました。

「すごいですね！　こんなにお店がいっぱい！　僕の故郷の村より、うんっと賑やかだ」

　少年は興奮しながら焼き魚を頬張りました。横で修行僧は目をつむっています。

「召し上がりませんか？　とっても美味しいですよ」

「……………」

　修行僧は食事の誘いには乗らず、少しも口にしませんでした。

「………修行中は、何も食べません……」

その後、マスターと少年は市場を見に行こうと修行僧を誘いましたが、修行僧は断り、「私は修行へ向かいます」と告げ、一人で屋台街へ下りて行きました。

「食欲・物欲・性欲……、己の欲に打ち勝つことが一番の修行である」と心の中で唱えながら、修行僧は屋台街を突き進みます。

　店の外であぶられる肉の香ばしい匂い、香辛料いっぱいの豆のスープ、焼き立てのパン、芋の砂糖がけのお菓子。屋台は修行僧への誘惑でいっぱいです。

　旅が始まる前から何も食べていないので、お腹が空いていないわけではありません。お腹が鳴ることすら許さず、食欲を感じさせないよう、意識を無に集中させました。集中が高まるにつれ、屋台街の騒がしさも、食べ物の匂いも、体の疲れも遠のいていきます。

　その状態でどれだけ歩いたかわかりませんが、ツンツンと背中を突かれ、意識が目の前に戻ると、お粥屋の前に立っていました。背中を小突いたのは店の女性でした。優しい笑顔で修行僧の前に１杯のお粥を差し出しています。

「旅の修行僧様。そんなに痩せてしまっていては、この先の旅が持ちません。どうぞ、このお粥を召し上がりくださいませ。この時間は試食を振る舞っているのでお代はいりませんよ！」

「………私は修行中ですので構わなくて結構です。気持ちだけ受け取ります」

　修行僧が断っても、店の女性はズイッと顔の前にお椀を近づけました。お粥の湯気に乗って、魚介のダシが利いた旨味満点の香りが修行僧の顔を包みました。

「そんなこと言わずに！　当店のお粥は精力増強、食欲増進！　漢方入りでたちまち元気になりますよ」

　店の女性はさらに踏み込んでお椀を修行僧の口元まで近づけました。周りの客も、修行僧の浮き出たあばら骨や風が吹いたら倒れそうな薄っぺらい体を見て、「食べていけ」「ここの粥は町一番だから」と勧め始めます。

　修行僧が断ろうと一息吸うと、お粥の美味しい香りが鼻を突き抜け、全身に満足感が広がりました。食事をずっととっていないので五感が鋭くなっています。香りは修行僧の食欲を無邪気に刺激しま

した。

「………私は修行中です。断食しておりますゆえ、失礼します」

　修行僧はお椀から顔を背けると、一礼して店を後にしました。

「欲は刺激により起こる。欲していなければ刺激しないことだ」

　修行僧は1杯のお粥から学びを深め、さらなる修行へ向け求め足
を進めました。

　町の上層へは、くねった階段をいくつも上ります。

「思った通り、この町は階段が多く足腰の修行になる」

　息を切らし階段を上り、さらに緩やかで広い坂道を越えると、大
理石で綺麗に整備された通りに出ました。白い壁で統一された建物
は煌びやかな服やアクセサリーなど高級品を扱う店舗で、通りの奥
には住居と思われる屋敷がそびえています。

　ここより上に道は続いておらず、町の頂上であることから、よほ
どの金持ちが住んでいると窺えます。どこかの国の王様かと間違う
ほど威厳に溢れた屋敷の持ち主が、バルコニーに作られた庭園で午

後のお茶を楽しんでいる様子が遠目からもわかりました。

　町の上層は富裕層区域。何も持たない修行僧の価値観とは真逆の世界です。

「食欲・物欲・性欲……、己の欲に打ち勝つことが一番の修行である」

　宝石店の店先で足を休ませていると、店内から会話が聞こえてきました。

「奥様、とてもお似合いです。美しさも輝きも一層際立ちますね。旦那様も目が離せなくなるでしょう」

　清楚で礼儀正しい店員が手袋をはめ、顔と同じくらい大きな宝石がついたネックレスを、貴婦人へ紹介しているようです。

　真っ白な絹のショールに真っ赤な口紅で年齢よりも若く見える貴婦人は、美的感覚に関心のない修行僧から見ても、とびきり美しい女性でした。

「そうね、屋敷のみんなも毎日、私を美しいと褒めてくださるわ。でも、主人は長く連れ添っているせいかしらね。私の美しさに慣れ

てしまい何も言ってくれないのよ。最近私に飽きてきているみたいなの」

「旦那様も照れているのでしょう」

　店員が笑顔でフォローするも、貴婦人の押し込めていた怒りが徐々に湧き上がってきました。

「だといいのですけれど。最近、新しく入った若い召使いの娘の話ばかりするのよ！　私がどう思うかなんて考えていないのだわ」

「では、奥様。さらに美しくなられたらいかがでしょう？」

「これ以上、私の顔は美しくしようがないわ。お金はかけられるだけかけていますし」

　店員は貴婦人の首元に、大きな宝石がついたネックレスを丁寧にあてがいました。

「では、この宝石で目を惹きましょう。誰もが虜になる輝きです」

「まあ！　私の美しさか宝石の美しさのどちらを見ているのかわかりませんこと！　でも関心を示さないよりマシですわ」

　貴婦人はネックレスを購入しました。しかしどこか浮かない表情を残しています。

「……この宝石にも飽きられたら、私は次に何を手に入れたらいいのでしょうね」

　店員はすかさず奥の棚から帽子を持ち出し、「次回の来店の際にはこちらを」と勧め始めました。

　貴婦人の顔はパッと明るくなり、「帽子にはまだお金をかけていなかったわ」と店にある全ての帽子の試着が始まりました。

「欲を欲で埋めたところで何も解決しない。欲があるから苦しみが生まれるのだ」

　修行僧は貴婦人の買い物から学びを深め、さらなる修行へ向け足を進めました。

　太陽は水平線まで降りてきて、海を赤く焼き始めました。

　辺りが暗くなると店先の提灯やろうそくが灯り、賑わう地域も移動します。昼の主役が飲食店街なら、夜の主役は歓楽街です。お酒と駆け引きを楽しむお店が開き、客引きの美しく着飾った女性達が通りを彩ります。観光客の男性たちは色気に釣られ、一人また一人

と、欲を満たす店へと消えていきます。

　ここへ足を踏み入れた修行僧は、すぐに露出度の高い服を纏った女性１０人に囲まれました。

「旦那様、今夜はそこの店で一緒に過ごさない？」

「私とイイコトしましょ♪　安くしておくわ」

　客引きの女性達が豊満な体をくねらせ、どんなに色目を使っても、修行僧はなびきません。

「…………」

　女性自体にあまりにも関心がなさそうな修行僧を見て、客引きの一人が問いかけました。

「あなた、性欲って言葉、知ってる？」

「私は性欲なぞ持ち合わせてはおりませんゆえ………」

「性欲のない男がこの世にいるのかしら。あなたホントに男？」

「修行中の身に性別はございません。まして、快楽は修行を妨げます」

　修行僧は手を合わせ一礼すると、道を開けてください、と目の前の女性をどかし、囲みから出ていきました。

「欲は欲を生み終わりがない。欲があるから渇きがあるのだ」

　修行僧は歓楽街の女性から学びを深め、さらなる修行へ向け足を進めました。

　空がすっかり暗くなった頃、マスターは少年を連れて市場の裏側へ向かいました。

「何しに行くのですか？」

　少年がマスターに尋ねると、マスターは「少し勉強しましょう」とだけ答えました。

　細い路地を一本入ると、表の活気とは打って変わり、暗く変な臭いのする裏町でした。

　扉のない家、屋根が崩れ落ちた家、壊れた家が並んでいます。人が通れるほどに大きな穴の空いた壁は修理もされず放置されたままにされ、家の中は荒らされていました。

　風化の度合いから何年も経過しているようです。

　町から忘れられた町だ、と少年は感じました。

「ここはかつて、この町の中心でした。しかし、今では貧民街と呼ばれています」

「貧民？　人が住んでいるのですか？」

「ええ、ほら」

　マスターが指さした先には、瓦礫を脇に寄せた小さな広場が作られており、そこには浮浪者が3人、輪になって座っていました。真ん中に焚火をして、汚れたパンを焼いています。

　マスターが近づくと白髪と髭が繋がった老人の浮浪者が気づき、手を振りました。

「お久しぶりですね、マスター」

　マスターも知り合いらしい老人に挨拶し、焚火の輪に加わりました。少年も隣に腰かけました。マスターは懐かしみながら老人と話し出しました。

「以前お会いしたのは2年前でしたね。まだここに留まっているのですか？」

「この齢だとなかなか定職に巡り合えませんで。いい日銭稼ぎを見つけては食いつないでおります。ほら、この2人は仕事先で仲よく

なった友達です」

　老人はマスターに、図体の大きな元船乗りの男と若い家出少年を紹介しました。家出少年の丈が足りていないズボンを見ると、長い間帰宅していないことが察せられます。

「町であなた様を見かけたと聞いてからお待ちしておりました」

　３人は最近の町の状況や貧民街での生活の様子を話しました。途中、パンが焼き上がり、老人は自分の分を３等分に割って、マスターと少年へ分けてくれました。

「この町の貧富の差もますます開いてきてなぁ」

　元漁師が焚火を突（つ）きながら言葉を続けます。貧民街の人数は年々増えており、最近では外国へ奴隷として自らを売りに行く者もいるとか。

「俺のように船しか乗れない男はケガして引退した後の居場所がねぇんだ。この町は商売の町だから、商売がわからなければ儲けようもねぇ。日陰で日銭を稼ぐ毎日は海にいた頃より楽だが退屈でしょうがねぇなぁ」

　元漁師は力なく笑いました。少年は合わせて笑ってみせましたが、

なぜだか悲しい気持ちになりました。

「マスター」

　少年はこそっとマスターへ問いかけました。

「この人たちは元気だし、どこへだって行けるのに、なぜ働かないの？」

　マスターは周りの瓦礫の山を見つめ答えました。

「人は長い間、同じ状態に慣れてしまうと身動きがとれなくなってしまいます」

「なぜ？」

「例えば、君は毎朝お茶を飲んでいますね」

「ええ、宿のご主人の習慣で一緒に飲むようになってから欠かしていません」

「では、たまに飲まない日があったらどうでしょう」

　少年はお茶がない朝をイメージしました。体の奥がむずがゆく感じます。

「……ちょっと嫌だな。お茶がないと思うと朝から悲しくて一日が台無しになりそう」

「朝の習慣がどれだけ自分にとって大切になっているかわかりましたか？　人は同じ生活を繰り返すことによって、それが人生の一部に変わります。**習慣の中で生きることが私達にとって安定と呼べるものなのです**」

　少年は今朝出発する前の修行僧を思い浮かべました。修行僧は朝昼晩と必ず瞑想を欠しせません。きちんとした習慣がある修行僧は確かに安定しています。

「例えば、修行僧さんは瞑想を欠かさないから、何事にも動じないのでしょうか」

　少年はマスターへ問いかけました。

「修行僧だから瞑想しているのではなく、瞑想する生き方を選ぶから修行僧なのですよ。生き方は人生であり、他ならぬその人です。だから人は習慣が欠けるなどの『いつもと違う』状態に対して違和感を覚えます。大きく変えようとするなら恐怖に襲われます。安定を崩すのは誰だって恐いのです」

　マスターは説明を終えると、視線を焚火に落としました。

「そうなんだ……」

　少年も焚火に視線を落とし、頭の中で今の会話を復唱しました。すぐに理解できる内容ではありませんでしたが、答えはじきにわかるだろう、とマスターの言葉を心に書き留めました。

　3人の浮浪者の話を聞けば聞くほど、貧民街での生活に慣れてしまうどころか、ここ以外で生きていくことを諦めているように見えました。

　夜も更けていき、焚火の炎も弱くなってきた頃、マスターが発言しました。

「あなた達の願いを叶えてあげましょう」

　全員がマスターへ顔を向けました。マスターは立ち上がると、いつもの笑顔を見せました。

「もし、今日が人生最後の日ならば……。1つだけ願いが叶うとしたら何がしたいですか?」

　唐突な質問にみんな驚きながらも、3人は真剣に考え出しました。少年も一緒に考えました。

今日が人生最後の日だったら??

　少しの沈黙があり、最初に口を開いたのは老人でした。

「小さなことですがね……。そのぅ……ワシは娘に会いたい」

　耳まで真っ赤にしながら小さな声で発言しました。

「立派です」

　マスターは老人の願いを称えました。

　願いを言い終えた老人の目は、先ほどまでの疲れきった目ではなく、何かを思い出したようにしっかりとマスターを見据えていました。

「こんな老いぼれが今さらそんな希望持っていいのですかね」

「希望以外何を持つのですか？」

　老人の遠慮がちな質問に、マスターは笑って答えると、老人は久々に口元の筋肉を動かし、ニィッと笑顔で返しました。

「俺のも聞いてくれ」

　元漁師が立ち上がりました。

「俺はな、海の上に１つだけ用事を残してきているんだ。な〜に、

俺だって大したことじゃねぇよ。だがな、これを済ませないと死に
きれねぇ。そのために言うこときかない右足を引きずってでも海に
出るんだ。それが俺の望みだ」

　元漁師の目には、たくましく海で生きていた頃の勇気が灯り、瞳
には漁師仲間達との思い出が映っていました。

「俺はまだ死ねねぇな！」とゴツゴツした顔を崩して笑いました。

　少年は２人が一瞬で前向きに変化したことに驚きました。隣で家
出少年も驚きを隠せず口が開いていました。

「君の願いは？」

　少年が促しました。

「僕は……子供の頃からの夢を思い出したよ。非現実的だけどね、
１つ叶うなら僕は世界中を旅したい。歌を……歌を歌ってね」

「お前、歌えるのか！　なんで隠してたんだよ」

　元漁師は家出少年の手を掴むと焚火の前に連れ出しました。

　全員が手拍子をとり、「この歌知ってるか？」と元漁師がだみ声
で歌い始めました。最初は恥ずかしそうにしていた家出少年もだみ
声のひどさに緊張が緩み、「音程違うよ！」と歌い出しました。

　家出少年の声はよく通り、澄んでいて、気持ちよく広場に響き渡りました。焚火の炎はまた勢いを取り戻し、いつの間にか貧民街の住人も集まってきていました。焚火を囲う輪は三重にもなり、全員で合唱していました。
「もう願いは叶いましたね」
　マスターが笑顔で言いました。
「え？　どういうことですか？」

　まだ何も実現していないのに？　少年は聞き返しました。

「彼らは既に前進したのですよ。一歩ずつ進めば未来は形作られます。あなたも一歩踏み出してここまで来たでしょう」

「あ！」

　少年は故郷を出発した日を思い出しました。少年はマスターと顔を見合わせ、笑い合いました。

　かつて町の中心だったこの場所に笑顔が戻っています。

　マスターは忘れられた町の未来を、この光景越しに見届けました。

　こうして、夜は更けていきました。

～あなたを誘惑する声～

色々な煩悩や誘惑に負けずに魂の声を聞きましょう。
あなたの本当の願いに気づいていきます。

STEP 1

身の回りにある誘惑は？
図のように、心の中には私達を誘惑するたくさんの欲があります。自分にある欲をチェックしましょう。

☐ 食　　欲	☐ 睡 眠 欲	☐ 物　　欲	☐ 性　　欲
☐ 怠 情 欲	☐ 歓 楽 欲	☐ 承 認 欲	☐ 収 集 欲
☐ 保 持 欲	☐ 優 越 欲	☐ 達 成 欲	☐ 顕 示 欲
☐ 攻 撃 欲	☐ 支 配 欲	☐ 服 従 欲	☐ 屈 従 欲
☐ 遊 戯 欲	☐ 認 知 欲	☐ 証 明 欲	☐ 同 調 欲
☐ 依 存 欲	☐ 生活安定欲	☐ 安 全 欲	☐ 気 楽 欲

STEP 2

今日が人生最後の日で、願い事が1つ叶えられるとしたら何を望みますか？
自分が死んだ後、全ての物は「無」と同然で、形ある物を持つ意味はなくなります。死ぬ間際になっても叶えたい願いは欲ではなく、あなたの生きる希望です。
欲により忘れていた本当の願いに気づいていきましょう。

翌朝。小鳥のさえずりが辺りに響き渡ります。町はまだ寝ているように静かで、ポツリポツリと明かりが灯り始め、朝食を準備する家からは仕込みの音が聞こえ始め、煙が立ち上っています。

集合場所の門の外には既に、マスター、賢者、先生、少年が集合していました。遅れて遊び人がゆったりと登場します。

「俺が一番最後かと思ったよ」

ファ〜ッと大きなあくびを1回した後、「まだ上瞼と下瞼が愛し合っていたいみたいなんだ」と笑いながら輪に合流しました。

「昨晩はどこで寝ていたんですか!?　体中虫に刺されています！」

遊び人の体には至るところに赤い小さなアザがついていました。急いで草むらへ薬草を探しに行こうとする少年を遊び人は呼び止めました。

「待て待て。これはな、少年よ。大人の男の勲章だ」

遊び人は誇らしげに答えました。「間違ったことを教えるんじゃない」と先生はニヤッと笑って肘で遊び人を小突きました。

「もう二度と現れないかと思いましたよ」

賢者も茶化しました。

　5人は昨日の散策の感想で盛り上がり、修行僧が近づいてきていることに気づくのは随分後になりました。

　修行僧は門の向こう側に仲間の姿を捉えました。出発を目前に、欲多き町であった……、と昨日一日の中で出会った欲に対し、不動であった自分を思い返しました。
「食欲・物欲・性欲……、己の欲に打ち勝つことが一番の修行である。私は修行を終えることができた。これで卒業できる」
　修行僧は空を仰ぎ、安堵の表情を見せました。

　門まで残り5メートル。遊び人が修行僧に気づき、大きく手を振りました。
　修行僧は歩みを速め、合流を急ごうとしたその時。
　とっても懐かしい香りが鼻をかすめました。どこかの家の朝食でしょうか。窓の隙間からフワッと香るそれは、修行僧の故郷に伝わるガラムマサラのスープを連想させ、緩んだ修行僧の心に深く入り込みました。

　修行に専念するあまり忘れていた故郷が、一瞬、思い出されました。

　ゴクリ。

　ごく自然に、生唾を飲み込み、修行僧の足はそこで止まりました。

そして、悲壮な面持ちで呟きました。

「私は、この町に……残ることにします…………」

「残ると言ったのか？　もっと大きな声で教えてくれ！」

　先生が求めると、修行僧は先に進めない理由を訴えました。

「私は、今、漂ってきた食事の香りに生唾を飲みました……。食欲に囚われない修行の果て、誘惑にも揺さぶられない精神を身につけたと思いました。物欲にも性欲にも勝ったと思っていました。しかし、今、慣れ親しんだ匂いに、食欲が……起こっていたのです。生唾がその証明です……」

　悔しさに唇を震わせています。

「……こんな私では『ラストエデン』へ向かう資格はありません……。私は、この町に留まり、さらに完璧なる修行をします。そして……必ずあなた達に追いつきます」

「は？　ゴクッと唾飲んだ、たったそれだけ？」

　遊び人は目を丸くして驚くと、マスターへ顔を向けました。「マスターからも何か言ってくれ」と視線で促しました。

　マスターは修行僧の前に歩み寄りました。2人は門を挟み、町の中と外で向かい合いました。修行僧の目を見て、マスターは優しく微笑みました。

「そうですか。必ず、追いついてきてくださいね」

　修行僧は静かに頷きました。

　マスターは振り返り、高く手を上げました。

「さあ！　みなさん、行きましょう」

　一同は誘惑多き町と修行僧を背に、歩き始めました。

　マスターの導きで彼らは無事、『ラストエデン』にたどり着けるのでしょうか。

　物語の続きは、次の始まりへ……。

CHAPTER
4

二 極 の 地

　物語の始まりはいつだって突然起こります。

　この世界は常に始まりの連続でできているのです。

　さて、今回のお話はマスターと共に願いが叶い続ける地『ラスト
エデン』へ向かうと決めた賢者、先生、遊び人、少年の5人が、相
反する意見を持った国へ訪れるところから始まります。

　マスター達は、これから立ち寄る国の入国審査を受けています。

　勤勉な門番は顔を上げず書類ばかり見つめて手続きを進めていま
す。

「我が国へお越しいただきありがとうございます。名前と……、ど
ちらからいらっしゃいましたか？……ああ、あの町ですね。それで
滞在の目的は……」

「お久しぶりですね。相変わらず熱心で何よりです」

　門番はマスターの声を聞き、驚いて顔を上げました。微笑んだマ
スターを見て、門番は声にならない悲鳴を上げ喜びました。

「マスター様‼　あなたとは気づかず大変失礼しました。またお越
しいただけるなんて……」

「もちろんです。今回は仲間も一緒ですよ」

「お連れ様もようこそ！　ささっ、王様もマスターがいらしたと聞けば、間違いなくお喜びになります。すぐにお城へ向かわれますか？」

「いえ、まずは食事をします。仲間にこの国の名物料理を紹介しますよ」

「それは名案です！　是非楽しんでいらしてください。その間に、私から王様へあなた様が訪問される旨、お伝えしておきます」

「ありがとう。よろしく頼みます」

　門番はマスターと握手し、一同に会釈すると、他の門番にこの場を頼み城へ向かいました。

　少年は門番とマスターのやりとりを見て、王様にすぐ会える立場なんてマスターは一体何者なのだろう、と不思議に思いました。

「早く飯にしようぜ！」

　遊び人はいつの間にか先に門をくぐり、一同を呼んでいます。先生がすかさず遊び人を制しました。

「早まるな。どうしてお前はいつも勝手に動くのだ」

「先生だって早く食べたいんだろ〜？　マスター急いでくれよ」

　そうして一同はマスターに案内され昼食をとりに向かいました。

「美味しかったですね。お肉をこんなにたくさん食べられるなんて
感動しました」
「これだけ食べれば筋肉がしっかりつきそうだ」
　昼食を済ませ、城へ向かう道中、料理の感想が飛び交いました。
賢者は初めて食べた肉の種類をメモし、先生は味を採点しています。
遊び人だけが店員の女性の感想を話していました。
「マスターのおかげで、一番いいメニューをご馳走してもらえて！
ありがとうございます」
　少年は味だけでなく、マスターとお店の関係性にも感動していま
した。
「しかし……暑いな。店は涼しかったのに大通りに入った途端暑い
ぞ」
　遊び人は額の汗をぬぐいました。あまりの暑さに気が滅入りそう
です。
　キンッ！　カンッ！　キンッ！　カンッ！　と甲高い音があちら

こちらから聞こえてきます。

「マスター、この音は何ですか?」

　少年はマスターに聞きました。

「これは鉄を打っている音ですよ。ここは至るところに鍛冶屋があります。錆びない鉄で有名な国です」

　マスターは1つの建物を指さしました。大きな鍛冶場でした。煙突だけではなく窓からも煙が立ち上っています。筋肉がっしりついた男ばかりが出入りしていました。

「暑さの原因は鍛冶場の炉といったところか。どれどれ」

　賢者が興味深そうに近づいていきます。すると、ちょうど建物から髭面の男が勢いよく出てきました。

「なんだお前!　ここは男の仕事場だ。ヒョロイ奴はあっちに行ってな!」

　髭面の男は賢者を追い払いました。賢者が一歩ひくと同時に、マスターが歩み出ました。

　髭面の男はウオーッと叫び駆け寄ってきました。

「マスターじゃねぇか!!　いつ来たんだ?　お前さんと一緒に来た

ってことは、コイツは連れか？」

「相変わらず元気そうで何よりです。彼は旅の仲間ですよ」

「そいつは申し訳ねぇ。いきなり怒鳴ってすまなかったな。大鍛冶
場に近寄る職人以外は、火傷したいバカか水汲みの女と決まっとる」

　髭面の男は一同を見渡し言いました。

「この時間、女どもはみんな川に水汲みに行っとるからな。バカし
かおらんっちゅうこった！」

　ガハガハ笑って賢者の背中を叩きました。賢者は吹っ飛び尻もち
をつきました。

「すまんすまん。この国にはアンタみたいな細い体の男はおらんか
ら手加減せんといかんかった。マスター、俺はまだ仕事があるから
後で寄ってくれ。他の連中もお前さんの話をまた聞きたがっててな。
頼むぜ」

　髭面の男は賢者の腕を無造作に引っ張って助け起こし、また鍛冶
場へ戻って行きました。

　お城に到着すると、大臣が今か今かと待っていました。

「お待ちしておりましたぞ、マスター。王様がお待ちです」

　大臣は一同を先導し、城の中へ案内しました。お城は立派で、廊下には時代ごとの国の歴史や家族を描いた絵画が順に飾られていました。先生は先頭から眺め、あることに気づきました。

「女王様の姿が描かれていませんね」

　先導していた大臣が苦笑いしました。先生が理由を尋ねようとしましたが、王様の部屋に到着したため聞く機会はお預けになりました。

「ようこそ、我が国へ」

　大柄で、たっぷりとたくわえられた髭におっとりしたしぐさの王様は、愛嬌のある笑顔で急に訪れた友人を優しく迎え入れてくれました。

「お久しぶりです、王様。急な訪問を受け入れてくださり感謝致します」

　マスターは深々と頭を下げると、続いて、賢者、先生、遊び人、少年もならいました。

「フォッフォッフォッ。気軽にしてくれ。わしとお前の仲だ。茶で

も飲みながら話をしよう」

　王様は特別美味しいお茶とお菓子で旧友の訪問をもてなしました。あまりにも美味しかったので、遊び人はこっそりとポケットにもお菓子を食べさせました。

　マスターは王様へ旅の仲間を紹介し、立ち寄ってきた町の様子、出来事、出会いと別れについて語りました。先生に賢者、遊び人と少年も会話に入り、しばし団らんを楽しみました。

　先生が王様へ言いました。

「王様、この国の繁栄は素晴らしいですね。是非参考にしたいものです」

「そうであろうとも」

　王様はコホンと咳払いをして話し出しました。

「わしは常に民のことを考えておる。この国の男は強く、たくましい。だからこそわしは男たちを活かせる場を作った。それが鍛冶場だ。男であれば過酷な環境の鍛冶場でも耐えることができ、品質の高い鉄を作れる。女には到底真似できないことだ。他国はこの国の鉄より勝る鉄はないと欲しがり、貿易が潤う。生活に困る民もいな

くなった。民たちもわしのことを慕っておる。わしの誕生日はいつも国中の民が祝いに訪れるのじゃ。幸せなことであろう」

「王様の寛大さ、英明さに感服します」

　賢者に褒められ、王様は髭を撫でながら、フォッフォッフォッと笑いました。

「しかしな、そううまくいくことばかりではないのじゃ」

「何か問題でも？」

　先生は身を乗り出しました。王様は立ち上がり窓から見える隣の国のお城を見るよう促しました。

「ご覧の通り、この国は隣の国とピッタリくっついておる。もともとは１つの国だったのかもしれん。わしが生まれた時には既にこの状態であった。実はな、隣の国とは仲がいいとは言えんのじゃ。あちらの国はわしのことをあまり良いとは思っておらんのじゃろう」

　王様は窓を開け、隣の国を見つめました。少年には王様の顔が少し悲しそうに見えました。

「…………どれ。この国に伝わる昔話をしようかの」

　王様は振り返り語りました。

　——　むかしむかし、隣同士に作られた2つの国がありました。

　国の方針の違いでお互いの関係は良いものではありませんでした。そのため、右の国の者が左の国へ入ることは許されず、左の国の者が右の国へ入ることも許されず、いつしか2つの国は、距離こそ近いものの、心の距離は大きく離れていきました。

　右の国と左の国の間には小さな川が流れており、唯一ある橋が国同士を結んでいました。

　ある日、右の国の男は左の国の女に恋をしました。一目惚れでした。

　男が川へ散歩に出かけた時に、川の向こう側に座っていた女と目が合ったのです。今まで感じたことがない衝撃が体中を走り、いけないとわかっていても、咄嗟に声をかけていました。

　それから毎晩、男と女は人目を盗んでは橋で落ち合い、話をしました。お互いが愛し合うのに長い時間は必要ありませんでした。

　愛が深まり、男は女とずっと一緒にいたいと考えるようになりました。会えるのはいつも夜の、ほんの少しの間だけです。

　ある夜、男は決心し、「結婚しよう」と女に告げました。女は泣いて喜びます。

　早速、男は両親に結婚について話しましたが、隣の国の女と結婚すると聞いた男の両親は激怒し、今後一切、女に会わないように言いました。男はそれでも「女と結婚したい」と反対する両親を振りきり、その晩も橋へ向かいました。

　いつもの時間になり、女が現れました。女の目はひどく泣いた後のようで腫れ上がっていました。男は女を抱きしめると、「この国を出て一緒に暮らそう」と言いました。女は頷き、翌朝早く国を出る計画を立てました。

　男は家へ戻ると旅の準備をし、朝になる前に橋へ戻り、女が来るのを待ちました。

　しかし、朝になっても女は来ません。男は待ち続けました。

　一日待っても女が姿を現すことはありませんでした。男はその後も毎日橋へ通いましたが、女との再会は叶いませんでした。———

　王様は話し終えると、一息つき、髭を撫でました。

「男女が一緒になれなかったのは国のせいじゃろう。国の仲がよく
なれば、こんなことは起きなくて済む。だからわしは国同士の壁を
壊し、平和を築きたいのじゃ」

「どうやって?」

　先生が問うと、王様は笑って答えました。

「わしのやり方で隣の国も豊かにするのじゃ。これだけ我が国は国
民から喜ばれていて、経済も潤っておる。間違いない。ただ、なか
なか隣の国は聞き入れてくれぬ。挙句の果てに、自分達のやり方に
変えるよう強要してくる。まだまだわしは力不足ということじゃ」

　窓から鮮やかな夕焼けが見えました。

　マスターはそろそろ失礼したいと王様に言いました。

「こんな時間までお付き合いいただきありがとうございます」

「こちらこそありがとう。長い話に付き合わせてしまったね。また
遊びにきておくれ。今夜の宿は私が手配しておこう」

　王様は大臣を呼ぶと、宿に案内するよう告げました。

　王様の部屋を後にし、絵画の通路を戻ります。

　先生はある絵の前で足を止めました。若く勇ましい男性と美しい女性が手を取り合う絵でした。先生は少し考え、マスターを呼び止めました。

「マスター、私はこの旅を降ります」

　全員が先生のほうへ振り返りました。

「王様の想いに私は感動した。そして、この王様の助けになりたいと、この国の平和に尽力すると決めた！　私はこの国に残ります」

　先生は揺るぎない目でマスターを見ています。その場の全員が、誰も彼を止めることはできないのだと確信しました。

「大臣、よろしいでしょうか」

「え、ええ……。私共はありがたいですが、本当によいのですか？」

「はい、私は平和のために在り続けます。何とかして隣の国に王様の想いをわかってもらいたいのです」

　先生はマスターの元へ近づき、深く深く礼をしました。

「ここまでありがとうございました」

　マスターは先生の肩に手を置き、頭を上げさせました。

「応援していますよ」

　一言、先生に言葉を贈り、賢者と遊び人と少年に「行きましょう」と目で合図しました。

　先生は城の中から4人の姿が見えなくなるまで見届けました。

「今日は満月ですね。満月にお願いすると叶うっておかみさんが話してたっけ」

　少年とマスターは夜の散歩に出かけていました。国の裏門を出ると小さな川が流れていて、向こう岸に隣の国の裏門が見えました。川には古い橋が架かっています。

　よく見ると橋の上に人影が見えました。

「誰かいるの？」

　少年が橋に向かって叫びました。

「キャッ」

　女性の悲鳴が聞こえ、人影が動きました。

「お願いだから静かにしてくれ」

　次は若い男性の声がしました。精一杯声を殺しながら叫んでいま

す。隣には若い女性が立っていました。

「こんな夜にどうされましたか?」

　マスターが小声で尋ねると、男性はホッとした表情で言いました。

「この国の人ではありませんね。よかった。どうか僕が彼女とここで会っていることは誰にも言わないでください」

「わかりました」

　マスターは微笑みました。心配そうにしていた若い女性も安心したようでした。

　若い男性は事情を説明してくれました。

「僕は、あなた達が出てきたほうの国の者で、彼女は隣の国の者です。ご存じかもしれませんが、住民はお互いの国の行き来を禁じられています。僕達は愛し合っていますが、相手の国へ会いに行くことはできません。毎夜ここでこっそり会うしかできないのです」

　マスターと少年は顔を見合わせました。王様の話と似ている……。

　事情の続きを女性が話し出しました。

「私と彼はどうしても一緒にいたい。だから、結婚しようと決めま

した。ですが、親は気持ちこそ応援してくれるものの、国の方針に逆らうわけにはいかず、今夜、別れるように言ってこいと送り出されました。でも、そんなことはできません！」

若い女性の目から涙がポロポロとこぼれます。若い男性はマスターに訴えかけました。

「旅のお方……、あなたが知恵ある方と見込んでお願いがあります。どうしたら僕は彼女と幸せに結婚できるのでしょうか。何か方法があるならば教えてください」

若い男性と女性はマスターをじっと見つめました。少年もマスターに聞きました。

「マスター、どうしたらいいのでしょう？」

マスターは３人に向き合える位置に移動し答えました。

「誰かが決めたルールの世界で生きることは、あなた方２人にとって苦しいでしょう。それなら、あなた方２人だけのルールが作れる世界をつくりなさい」

若い男性と女性はハッとしました。

「この世界では……このルールの中では、私達は幸せになれない

……」

　少年はマスターの言葉の意味がわかりませんでした。マスターは、これ以上2人への言葉はいらない、といった様子でした。
「旅のお方、ありがとうございます。決心がつきました」

　若い男性の目が変わりました。若い女性のほうを向き、手を取り言いました。
「明日、朝日が昇る前に、君の国の正門前へ来てくれ」

　若い女性は、若い男性の言いたいことを理解し、「ええ」と頷きました。その顔からはもう不安は消えていました。

　2人が落ち着いたのを見て、マスターと少年は「おやすみなさい」と挨拶し、宿に戻りました。

　翌朝、マスターと賢者、遊び人、少年は隣の国へ入りました。昨日と同じように正門で入国審査を受けました。
「マスター様！　よく来てくださいました！」

　門番はマスターを見つけるなり、ブンブン手を振り歓迎しました。
「相変わらず元気で何よりです」

「ええ！　おかげ様で。王様もあなたが訪れたと聞けば喜ばれるで
しょう！　マスター様がいらっしゃったと城へ伝えておきますので、
是非ご訪問ください」

「わかりました。必ず伺うとお伝えください。先に仲間にこの国の
名物料理を紹介してから向かいますね」

「それは名案です！　お連れのみなさん、是非我が国の誇る特産物
をご堪能ください」

　マスターのおかげで入国審査は簡単に終わり、食事に向かいまし
た。

　そしてマスターの紹介だからと一同はお店の一番高い料理を振る
舞われ、手厚くもてなしてもらいました。テーブルには美しい模様
の織物が掛けられ、こだわった装飾の花が飾られています。一段と
上品になった気分です。

「こっちの国は豆料理が有名なのか。すぐ腹が減りそうだな」

　モソモソと豆と野菜を頬張りながら遊び人は言いました。

「美容と健康に良さそうなメニューが多いですね。女性が喜びそう
です」

　早速、賢者は初めて食べた豆の種類をメモしました。

　スマートな店員の男は食後のフルーツティーを提供する準備をしています。

「優雅なひと時をお過ごしください」と会釈し、一口サイズのお菓子を一人ひとりのお皿に取り分けました。

　食事を済ませ、城へ向かう途中、工場のような大きな建物を見つけました。カタンカタンと一定のリズムで軽快な音が聞こえてきます。綿花がたっぷり入ったカゴを抱えた女性が何人も出入りしていました。

「あそこは何の建物ですか?」

　賢者がマスターに尋ねました。

「綿の加工場ですよ。この国は至るところに綿や絹の工場があります。織物で有名な国です」

「どうりで、店にも布がうまく使われているわけか。どれどれ」

　賢者が建物に近づくと、ちょうど巻いた布を抱えた長身の女が出てきました。

「男達が揃って怪しいね！　何しに来たんだい!?　ここは女しか入れないよ！」

　長身の女は賢者を追い払いました。賢者が一歩ひくと同時にマスターが歩み出ました。

　長身の女はキャーッと叫び駆け寄ってきました。

「マスターじゃないか‼　いつ来たんだい？　アンタと一緒にいるってことは、そちらさんはお仲間かい？」

「相変わらず元気そうで何よりです。彼は旅の仲間ですよ」

「それは申し訳ないねえ。いきなり叫んで悪かったよ。加工場に近寄る男は女を追っかけてきたやつか食堂のコックのどちらかさ」

　長身の女性は一同を見渡し言いました。

「この時間、男たちはみんな皿洗いをして食堂を片付けているから、女目当ての連中だって間違えられて当然さ」

　ハッハッハッと大きく笑って賢者の背中を叩きました。吹っ飛ばされない代わりにアザができそうでした。

「しまった！　ついウチの人へするのと同じ力で叩いてしまった。たくましくってやだねぇ、この腕は。マスター、私はまだ仕事があ

るから後で寄っておくれ。ここの子らもアンタの話をまた聞きたが

っていたよ。頼んだよ」

　長身の女は賢者の服のよれをササッと直し、また加工場へ戻って

行きました。

「昨日も同じようなことがあったな」

　この光景を見ていた遊び人は、ひとり言のように呟きました。

　お城に到着すると、召使いが出迎えに待っていました。

「お待ちしておりました、マスター。ささっ、王のところへ」

　召使いは一同を先導し、城の中へ案内しました。お城は華やかで、

廊下には時代ごとの国の歴史や家族の肖像画が順に飾られていまし

た。

　花のアーチを抜けると、城のテラスに出ました。

「ようこそ、我が国へ」

　細身で長い髪を編み込み、優雅なしぐさの女王様は、とろみのある笑顔で一同を優しく迎え入れました。

「こっちの国の王は女王様だったのか……」

　女王様の美しさに遊び人は見とれています。

「お久しぶりです。女王様。急な訪問にもかかわらずありがとうご

ざいます」

　マスターは深々と頭を下げました。賢者、遊び人、少年も同時に礼をしました。

「フフッ。気楽にしてちょうだい。私とあなたの仲ですから。お話ししながらお茶とお菓子はいかが？」

「いただきます‼」

　マスターより早く遊び人が返事をしました。女王様は特別美しいティーカップにバラの香りのお茶を注ぎ、旧友の訪問をもてなしました。

　マスターは女王様へ旅の仲間を紹介し、立ち寄ってきた町の様子、出来事、出会いと別れについて語りました。賢者、遊び人、少年も会話に入り、しばし団らんを楽しみました。

「女王様、この国は女性が産業を担っているのですか？」

　賢者が質問しました。

「そうですわ。私は民のことをとても考えました。この国の女性は柔軟でたくましい。綿や絹でデザインする衣服や絨毯の柄は、女性ならではの感性が活かされます。女性だからこそ繊細で緻密な作業

に対応でき、品質の優れた織物が作られる。男性には到底真似でき
ぬことです。他国はこの国の織物より勝る物はないと欲しがり、貿
易が潤いました。生活に困る民はもういません。みな私を慕ってい
ます。私の誕生日には国中の民がお祝いに駆けつけます。国にも民
にも恵まれております」

「女王様の寛容さ、明晰さに感嘆します」

　賢者に褒められ、女王様は髪を撫でながらクスクス笑いました。
「ですが、全てがうまい具合に動くわけではないのです」

「何か問題でも？」

　賢者が続きを促しました。女王様はテラスの端まで行き、女王様
の城の対岸にそびえる王様の城を見つめました。

「ご覧の通り、この国は隣の国とピッタリくっついております。も
ともと、１つの国だったのでしょう。私が生まれた時から既に今の
状態でした。実は、隣の国とは良い交流ができておりません。あち
らの王は私の国をあまり良いとは思っていないようです」

　女王様は隣の国の城を見上げました。少年には女王様の顔が少し
切なそうに見えました。

「…………この国に伝わる古い話をいたしましょう」

　女王様は振り返り語りました。

　──── むかしむかし、隣同士に作られた２つの国がありました。国の方針の違いでお互いの関係は良いものではありませんでした。そのため、左の国の者が右の国へ入ることは許されず、右の国の者が左の国へ入ることも許されず、いつしか２つの国は、距離こそ近いものの、心の距離は大きく離れていきました。

　左の国と右の国の間には小さな川が流れており、唯一ある橋が国同士を結んでいました。

　ある日、左の国の女は右の国の男に恋をしました。一目惚れでした。

　女が川岸に座り歌を歌っていると、川の向こう側から歩いてくる男と目が合ったのです。今まで感じたことがない衝撃が体中を走り、いけないとわかっていても声をかけられた瞬間、咄嗟に反応していました。

　それから毎晩、女は男と人目を盗んでは橋で落ち合い、話をしま

した。お互いが愛し合うのに長い時間は必要ありませんでした。

　愛が深まり、女は男とずっと一緒にいたいと考えるようになりました。会えるのはいつも夜の、ほんの少しの間だけです。

　ある夜、女は男から「結婚しよう」と告げられました。女は泣いて喜びました。

　早速、女は両親に結婚について話しましたが、隣の国の男と結婚すると聞いた女の両親は深く悲しみ、今後一切、男に会わないようにと言いました。女はそれでも「男と結婚したい」と反対する両親を振りきり、その晩も橋へ向かいました。

　いつもの時間に男が待っていました。男の表情は怒りに震えていました。女は男に抱きしめられると、「この国を出て一緒に暮らそう」と言われました。女は頷き、翌朝早く国を出る計画を立てました。

　女は家へ戻ると、旅の準備をしました。朝になる前に家を発つつもりでいましたが、部屋の扉に外から鍵がかけられ出ることができません。窓から出ようと試みるも、窓の下には召使いが控えており、女が外へ行かないように見張られていました。

　女は途方に暮れました。男のことを想うと苦しくて泣くしかできませんでした。女は男のことを諦めるまで家から出ることができず、男との再会は叶いませんでした。———

　女王様は話し終えると、一息つき、髪を撫でました。
「男女が一緒になれなかったのは国のせいでしょう。国の仲がよくなれば、こんなことは起きなくて済む。だから私は国同士の壁を壊し、平和を築きたいのです」
「んん？　どこかで聞いた話だな……」
　遊び人は呟きました。
「どうやったら仲良くなれるのでしょうか？」
　少年は質問しました。女王様はにっこり微笑み答えました。
「私のやり方で隣の国も豊かにしましょう。これだけこの国の民から喜ばれ、経済も潤っているのですから、間違いは犯しません。ただ、何度提案しても隣の国は首を横に振ります。しまいには、自分達のやり方に変えるよう強要されました。私は女ですから、なめられているのかもしれないですね」

　窓から濃い夕焼けが見えました。マスターはそろそろ失礼したい
と女王様に言いました。

「こんな時間までお付き合いいただきありがとうございます」

「こちらこそありがとう。長い話に付き合わせてしまいましたね。
また遊びにいらっしゃって。今夜の宿は私が手配しましょう」

　女王様は召使いを呼ぶと、宿へ案内するよう告げました。

「これって、デジャブか……？」

　遊び人が奇妙な顔で呟きました。

　その夜も月が綺麗でした。

　マスターと少年は、また国の狭間の小川へ散歩に出かけました。
橋の上に若い男女の姿はありません。

　少年は女王様の話を聞き、王様と女王様のことをずっと考えてい
ました。そして、昨晩橋にいた若い男女はどうなったのだろうか、
とも。

　少年はマスターに心の中を話しました。

〜見える世界は角度次第〜

物、状況、人の気持ちなど、全て見る角度により違って見えます。
様々な人の見方から、何が『みんなにとっての幸せ』なのかを考えましょう。
自分主体で見たら自分の見え方。相手主体では相手の見え方。
2人主体となれば2人の見え方があります。
たくさんの人の立場をイメージし、あなたも少年と一緒に、
王様の国と女王様の国の関係がよくなる解決策を答えましょう。

Q1. 自分が王様、または女王様だったらどう解決しますか？

POINT それぞれの気持ちを考え、解決策を書いてみましょう。

・自分が王様の場合の答え

(   )

・自分が女王様の場合の答え

(   )

Q2. 国民全体から見たらどう解決しますか？

POINT 国民全体の気持ちに思いやりを持ちながら、解決策を書いてみましょう。

・国民全体から見た答え

(   )

Q3. マスターはどう解決しますか？

POINT マスターは王様、女王様、国民、国全体、国に関わる全て、そしてそ
れらの過去から未来に対して思いやりを持って答えます。

・マスターの答え

(   )

　翌朝。マスター達は女王様の国を発ちました。振り返ると、王様の国と女王様の国両方が視界におさまっています。遠くから見れば２つの国の堺はなく、１つの国に見えます。

　先生が王様の国に残り、旅の仲間は半分になりました。

「みんな、『ラストエデン』に行くって決めて旅立ったのにな〜」

　遊び人が言いました。

「ま！　どう生きようが、自由だけどよ」

　全員で２つの国を眺めています。少年はおもむろに口を開きました。

「マスター、昨日の話の続きですが……」

　少年は昨晩のマスターの質問の答えをずっと探していました。

「王様と女王様、どちらの意見が正しいのか。昨日はどっちがいいか悩んで答えられなかったけど」

「答えは出ましたか？」

　２人の会話を聞いた賢者と遊び人も、マスターの質問について考え始めました。賢者は考えに没頭し、ブツブツとひとり言を呟き続けています。

「王様と女王様が結婚したら早いんじゃない？」

　遊び人は思いつきで言いました。

「それも１つの案ですね」

　マスターが笑うと、遊び人は「だろ〜〜？」と得意気にニヤけました。

「…………」

　少年は考えた挙句、マスターに言いました。

「僕、やっぱり答えは出せないです。どちらか片方が優位に立つと、もう片方は立てなくなる。例えば、２人が結婚したとしたら……。女王様を好きな国民の中には反対する人もいれば嫉妬する人もいるかもしれない。王様を好きな国民からも。そうして、心が苦しむ人が出てしまうなって。そう考えたら、何が正しいのか僕にはわかりません。ただ、そういう国だったってことだけは理解できました」

「じゃあ、どうしたらいい？」

　マスターは少年に聞き返しました。

「話し合います」

「それは一番真実に近いかもしれませんね」

　マスターは微笑みました。

　すると、そこへ女王様の国の門番が走って追いついてきました。

「どうされました？」

「よかった、まだ近くにいて！」

　門番はマスターの前で立ち止まり呼吸を整えると、ゆっくり話し出しました。

「実は、一昨日の晩、私は裏門の警備をしておりました。あなた様が橋の上で男女にお話しされていたのを陰から聞いていたのです。私は彼らが毎日会っているのを知っていました」

「え！　そしたら、２人を捕らえてしまったの？」

　少年は心配になりました。

「いえいえ！　お互いの国の者が会うだけなら罪ではありません。彼らは今朝早く、国を出ていきました。私は彼らの事情を知りながら何とかしたいと思いつつも、ずっと見て見ぬ振りをしておりました。あなた様の言葉で彼らは新しい道を見つけられた。彼らの結果に興味がおありかは存じませんが、どうしても感謝をお伝えしたく

なり追いかけてきてしまいました」

　門番は一気に話し終えると大きく息をつき、姿勢を正しました。

「彼らの代わりにはなれませんが、私からお礼を言わせてください」

　それだけ言うと、門番は国に戻って行きました。

　少年は「今はまだ幸せではない人もいるけれど、未来、みんなが幸せだといいな……」と思いました。

「さぁ、みなさん。行きましょう」

　マスター達は相反する意見を持った国を背に、歩き始めました。

　マスターの導きで彼らは無事、『ラストエデン』にたどり着けるのでしょうか。

　物語の続きは、次の始まりへ……。

CHAPTER
5

追憶の地

　物語の始まりはいつだって突然起こります。

　この世界は常に始まりの連続でできているのです。

　さて、今回のお話はマスターと共に願いが叶い続ける地『ラストエデン』へ向かうと決めた賢者、遊び人、少年の4人が、迷いの森に訪れるところから始まります。

　普段は人が立ち入らないような、うっそうとした森の中に入りました。霧が深く常に薄暗いため、今が朝なのか夜なのかもわかりません。マスターの話では、この森は旅人の間で『迷いの森』と呼ばれているそうです。

「迷いの森というのに一本道で全く迷わないなあ」

　少年が言いました。森に入ってから一度も曲がらず、ひたすら真っすぐ進んでいます。

「なぜだかわかるか〜？」

　遊び人が少年の隣に並び、聞いて欲しそうな顔をして見つめています。

「なぜ？」

　少年は遊び人を見上げ、聞きました。

「それはな、心根が真っすぐだからだ！　綺麗な心は迷うことがな
いんだよ」

　遊び人が自信満々に言い放つと、少年は目を輝かせて言いました。

「嬉しいです！　僕の心が綺麗だって褒めてくださって」

「お前じゃなくて、俺の心が綺麗だって言ったんだよ！　お前は何
でも前向きだな〜」

「また褒めてくれた！　遊び人さんは褒め上手ですね！」

「オッケー、オッケー。お前は何を言ってもポジティブに聞こえる
能力が備わっていることがわかった」

　遊び人と少年がじゃれ合っているのをよそに、賢者は立ち止まり
素早く木々をスケッチしています。

「こんな珍しい森は今まで見たことがない。実に、美しい……」

　木々は太く真っすぐに伸びていて、幹の周りにしっかりと苔が定
着しています。色々な土地から旅人が訪れるからか、旅人の服や靴
について運ばれてきた種子が育ち、様々な地方の植物が育っていま

す。

　賢者はひときわ大きな木に耳を当てました。木の中を流れる水の音を感じます。そうしていると自然と一体になれる気がしました。

「おーい！　置いてくぞー」

　遊び人に呼ばれ、賢者は自分の世界から呼び戻されました。気づけば仲間達はだいぶ先に進んでいました。賢者は走って合流しました。

「早速、迷いの森の餌食になるところだったな」

　追いついてきた賢者に遊び人が言いました。

「どういう意味ですか？」

「森の魅力に取り憑かれて一生出られなくなりそうじゃないか。俺から見てもこの森は美しいから気持ちはわかるぜ」

　遊び人は賢者の肩に手を置き、ウンウンと頷きました。

「君は娯楽以外にも興味があったのですか」

「あるさ。俺は美しいものを見たら紙にメモしないで頭の中にしまっておくんだ。そうしたらいつでも俺だけの景色として楽しめる。それに、紙で鞄が重くならずに済むだろ？」

「それは名案だな」

　賢者は嬉しそうに遊び人の意見を認めました。

　しばらく進むと、周りよりひときわ明るい場所に出ました。太陽の光が木々の間から差し込み、いくつもの光の筋が地表を照らしています。

「妖精さんがいそうですね！」

　少年はワクワクして言いました。

「ああ、妖精さんだったらよかったな。残念ながらいるのは爺さんだ」

　遊び人が近くの木の下を見るよう言いました。木の根元で老人が一人、草をかき分けて何かを探しています。マスターが老人へ声をかけました。老人は気づいて振り返ると飛び上がり、抱えていたキノコを落としてしまいました。

「マ、マスター‼　なぜここに⁉　また生きている内にお会いできるとは……」

「お久しぶりですね。相変わらず研究熱心で何よりです」

　マスターはキノコを拾い老人へ手渡しました。少年も手伝いました。老人はキノコをカゴに入れると、マスターの顔をしげしげと眺めて言いました。

「マスターもお変わりなく……。いや、少しお若くなられたかな？それともわしが老いたからか……。何はともあれ、よくおいでなさった」

「あなたもまだまだお若いですよ。今でも塔にこもって研究を？」

「はい。課題が１つ終わってもまた新たな課題が出てきまして。あっという間にこの齢です」

　老人は恥ずかしそうに笑いました。

「今日は塔に泊まっていってください。暗くなる前に森を抜けるのは難しいでしょう」

「ありがとうございます。お言葉に甘えます」

　老人は一同を森の奥へ案内しました。

「森の中にこんな高い塔があったなんて。一体どうやって建てたんだろう？」

　少年は目の前にそびえる細長い塔を見上げました。

　塔は1本だけではなく、何本も建っていて、太さ、長さが全て違っていました。老人はその中でも一番高い塔へマスター達を案内しました。

　塔の中にはたくさんの模型や設計図、本が床一面にびっしりと敷き詰められています。真ん中の吹き抜けには、塔のてっぺんからロープに吊るされたゴンドラが上下に行ったり来たりしていました。塔の各階へ人を乗せて運んでいます。その周りで鳥に似せたような奇妙な形をした模型がブゥーンと飛んでいました。

　見たことがない珍しい物ばかりで、少年は目を輝かせながら老人に聞きました。

「お爺さん、あの鳥みたいなものはどうやって飛んでいるの?」

「君はあれが気に入ったかい?　あれは、魔法で飛んでいるのだよ」

　老人は得意げに言いました。

「えええ!　お爺さんは魔法使いなのですか?」

　少年の目はさらにキラキラ輝きました。老人は咳払いをして、少年の前に空飛ぶ模型を差し出しました。

「正確には、魔法を科学で再現しているのだよ。見てごらん」

　老人は模型の裏側をいじると、模型は翼をばたつかせ勢いよく空へ舞い上がっていきました。

「目に見えない未知なる力を、人は魔法と呼ぶのだろう。我々はこ

の自然界に溢れる力をいただき、日々の営みをすることができる。生きることに必要なものは全てこの星から借りて生きておるとも言えよう。毎日動くこの体も自然界からの借り物だ。だから全て大切にしなければならん」

　飛んでいった模型がパタパタと老人の手元に戻ってきました。

「自然界は、いつも回り続けておる。季節も、命も、呼吸も、みんな循環しておる。この森が美しさを保っているのはなぜだかわかるかい？」

　少年は首を横に振りました。

「それはな、循環するために少し残しているのじゃ。我々が生きるためだといっても、欲張って全て取ってはならん。木を切り過ぎては次の芽を出すことができんように、植物も全て刈り取ってしまっては種子もなくなり存続できなくなってしまう。次に繋げるためには、ほんの少し、残す。これがお互いを大切にすることでもある。だからここの住人は、その日食べる分だけを森からいただいておる。その日食べる必要な分だけあれば、人も森も共に生きていけるのじゃ。森の恵みをみんなで分けることも大切じゃ。……若いお前さん

には、ちぃと難しい話じゃったかな」

　老人はニッコリ笑って少年の頭を撫で、模型を少年に差し出しました。少年は模型を受け取ると、羽を指でいじったり、ひっくり返して仕組みを調べました。

「うーん、僕にはなぜ空を飛べるのかわからないな」

「それは勉強する必要がある。一言では教えられんよ」

　老人は壁際の本棚から分厚い本を1冊取ってくると、少年へ模型と引き換えに手渡しました。老人は模型を空へ返しました。

　本はとんでもない分厚さで、少年は一瞬でうろたえました。

「僕、文字を読むのが苦手です」

　最初のページを開くと一面隙間なく、細かい文字で埋め尽くされていました。少年は静かに本を閉じました。苦い物を食べた後のような顔をしています。老人は「だから勉強が必要だと言っただろう」と笑い、少年から返された本を棚に戻しました。

「もっと面白いものを見せてあげよう」

　ついておいで、と塔の階段を上り始めました。

　老人に案内され、塔にある部屋を順番に見て回りました。

「各部屋で様々な研究をしておる」

　扉を開けると蒸し暑く、部屋全体が蒸気で埋め尽くされ、何も見えません。ゴロゴロと激しい音が鳴っています。

　ドーン！　と空間が割れる音と共に、先頭をきって部屋へ入ろうとした遊び人の足元に稲妻が落ち、床を焦がしました。

　驚いた遊び人はその場で尻もちをつきました。

「おい！　これは何の研究だ!?」

「天候を変える研究じゃよ。驚かせて申し訳ない。多少の危険は研究に付き物じゃて」

　老人は遊び人に詫びを入れ、ケガがないか確認しました。

「じゃあ、この隣の部屋は何の研究をしているの？」

　少年はワクワクして扉を押すと、部屋の中央におじさんが一人座っていました。白衣を着た研究者が謎の液体をおじさんの頭へふりかけています。部屋の隅では植物を煎じている鍋が異臭を漂わせていました。

「何かのお薬の研究？」

　少年は老人に聞きました。

「薬と言えば薬じゃな。この森の植物には心身を活性化する栄養素が多い。それを実用的に使おうと考えておるのじゃ。最近は増殖力の高いツル科の植物の成分から毛を増やせないか研究中じゃ」

　賢者が興奮して反応しました。

「すごい！　私の研究テーマにも加えさせてもらおう」

「ふーん。俺には必要ないかな。なあ、もっと派手なのはないのか？」

　遊び人はもっと大きくてかっこいい発明を見たいと言い出しました。

「そうじゃな……、ではもっと上の階へ行くとしよう」

　一同はゴンドラに乗り込み、うんと高い階まで上がりました。

「お気に召すといいのじゃがの」

　老人に通された先では、階全てを使って１つの研究に打ち込んでいました。同じ形をした装置が２つ、間隔を空けて左右に設置されていて、周りにはたくさんの電線が繋がっています。白衣の研究者たちが装置に光る球を取り付け、部屋の温度や湿度、天候を細かくメモしていました。

「ここはテレポーテーションの研究をしておる」

「テレ？　何だそれ」

　遊び人は、そんな言葉は聞いたこともない、と渋い顔をしました。

「物体を粒子状に細かくして、時空を超えさせる技術じゃ」

「そんなことが可能なのですか？」

　咄嗟に賢者がいぶかしげに聞くと、老人は論より証拠と言わんばかりに研究者がいるほうへ手を上げ、装置を発動するよう合図しました。

「見ていなさい。右の装置の上に果物があるだろう。あれを左の装置に誰も触れずに移動させよう」

　ヴヴヴヴ……と重い起動音が鳴り響き、果物が載っている右側の装置が強い光を放ちました。部屋全体にカッと鋭い閃光が走り、光が空間を埋め尽くしました。目を閉じていても強烈な眩しさで、頭の中まで真っ白にされました。

　しかしそれも一瞬。

　パッと光が消えたかと思ったら、離れた左側の装置の上に同じ果物が現れていました。果物が元あった装置の上には跡形もなく、

「果物が空間を飛び越えた」現象が、実際に起こったのです。

　遊び人と少年は目が点になり、言葉も出ません。2人は自分達の理解を超えたことが目の前で起こってしまい信じずにはいられないのですが、どう信じてよいのかもわからない、といった具合でした。

「派手さはないが想定外にあっさりすごいことが起きて……拍子抜けしたぜ……」

　遊び人と少年の反応とは正反対に、賢者は「奇跡だ！」と大興奮し両手を振り上げました。

「奇跡というものは案外あっさりと起きるものだよ」

　老人は平然と言いました。

「まさに魔法！　この塔の研究は全てがすごい！　ご老人、もっと見て回ってもよいですか？」

「ああ、いいとも。わしもそろそろ研究に戻るから自由に見て回りなさい。下の宿泊棟を開放するように伝えておいたから、寝たい時はゴンドラの管理人に伝えなされ」

　老人はマスターに挨拶すると、自分の研究室へ戻って行きました。

　賢者は興奮しながら研究者の元へ駆け寄り、質問を浴びせていま

す。遊び人は「俺は下から見てくる」と階段を下りて行きました。マスターは屋上へ行くと言ったので、少年もついていくことにしました。

　螺旋状の階段をぐるぐる上り、やっと屋上へたどり着きました。雲よりも高い塔の上からは地上の全てを見渡すことができました。
　その景色は「この世界は神様が一番美しいと思うものだけを集めて作ったのだ」と少年に思わせるものでした。
　山も川も町も全て、一番綺麗に見える場所に配置されていました。自然の鮮やかな色彩は、どの部分を切り抜いても世界中の絵描きが表現できない繊細さで、何時間でも見続けていられます。世界は完璧なのだと思い知らされるのでした。
「今までの人生でこんなに美しい景色は見たことがない」
　少年は感動に浸りました。
「あそこが君のいた村ですよ」
　マスターは西側を指さしました。
　果てしなく遠くに、見慣れた村の輪郭だけがかろうじて見えまし

た。その手前の海沿いには市場が賑わう町がとても小さく見え、も
っと下ると王様と女王様の国が見えます。

「僕たちは……なんて小さな世界に住み、生きていたのだろう……。
この高さからだと地上にいる人の姿は見えないですね」

　少年は穏やかな表情でマスターを見ました。

「この場所は人の悩みも感じないくらい壮大な場所です」

　マスターは少年のほうをチラッと見て「ええ」と答えました。

　しばらく２人は黙って景色を見ていました。

　先にマスターが沈黙を解きました。

**「ここにいれば悩みも感じないでしょう。けれど私達はこの高さで
は生きていけません。私達は地上から離れて暮らしていくことはで
きない」**

「………………………」

　少年はマスターを見上げ、今の言葉の意味を考えました。

　遠くに渡り鳥の群れが見えます。

　ちょうど雲の影から日が差し、マスターを背後から照らしました。
まるでマスターが輝きを放っているように見えました。

「私達の世界には、たくさんの悲しみや問題が起こっています。その中には解決できない問題も数多くあります」

「はい。ここまでもいっぱい見てきました。僕には解決できないことばかりでした」

　マスターは頷きました。

「なぜ、解決できないのか。そして解決したとしても、すぐ新たな問題が生み出されます。大事なのは地上にいながらも、この天のように高いところで生きることかもしれません。高い心を持つことによって、全てがこの塔の上にいるように物事に対し広い見方ができ、人生をより良いものにしていくことができるのです。だから私達は人生の中で学びます。それが成長と呼べるものでしょう」

「…………何となく、何となくですが……わかった気がします」

　少年は景色に目を戻しました。

　塔の上はとても緩やかに時間が流れているようでした。2人はまたしばらく景色を眺めました。

　どれくらい時間がたったのかわかりませんが、気づけば遊び人も屋上に上がってきていました。

170

「やっと俺に気づいてくれたか！　景色に見とれて俺に気づかないなんて、俺の魅力もまだまだだな」

「あ、ごめんなさい！　マスターの話をずっと考えていて……」

「ふーん」

　遊び人は特に興味も示さず、手に持っていたリンゴをかじりながらゆっくり縁を回り始めました。一周すると地上を覗き込み言いました。

「しかし、この塔はどれくらい高いんだろうな」

　遊び人はリンゴを持った手を塔の外に突き出しました。パッと手を放すとリンゴは何の抵抗もなく真っすぐに地面へ落ちていきます。地上までの距離がありすぎてリンゴが地面に落ちたかはわかりませんでした。

　日が暮れてきたところで3人は宿泊棟へ向かいました。老人に用意してもらった食事をいただき、浴室で体も洗わせてもらいました。森まではずっと野宿で気を張っていたので、久しぶりに気を抜いて休める環境を実感すると、どっと疲れが押し寄せてきました。

「もう……寝よう」

　明日に備え早めに床につきました。

　賢者だけは研究室の一角にこもっていました。その部屋の明かりは一晩中消えることはありませんでした。

　翌朝、全員が塔の入り口に集合しました。

　老人が保存食を用意してくれました。マスターはお礼を言い、固く握手を交わしました。

　出発直前に賢者が「マスターへ相談があります」と一歩前に出ました。

「昨日は塔の研究を見せてもらい、一晩様々な文献に目を通し、確信しました。私が欲しかった答えがここにはあったのです！」

　賢者は力説を始めました。

「私は村では賢者と呼ばれています。私には豊富な経験があり、大抵の悩みや困り事には対応できていました。しかし、村から出てみたらどうでしょうか。環境が変われば国や人の抱える問題は変わります。私が人の役に立てていたのは、とてもちっぽけな世界の中だけだったと思い知らされました。どんな相談にも対応していくには、私はまだまだ学ぶ必要があります。

　私はこの場所で得た技術を、一人でも多くの人に伝えたい。だから私は塔に残ろうと思いました。この考えについて、マスター、あなたの意見をお聞かせください」

　遊び人と少年は驚き、マスターの顔を窺いました。マスターは賢

者に尋ねました。

「あなたは、多くの人に技術を伝えたいのですか?」

「はい。技術は問題の解決に役立つどころか、技術が整えば問題さえ起こさずに済むのです。だから私は多くの技術を身につけ、この世界の人々を救いたいのです」

　賢者の生き方は決まっていました。それを叶えるための手段に彼は技術力を望みました。

　マスターは賢者の意思を汲み、頷きました。

「ならば、あなたの欲しい答えはここにはあるでしょう」

　マスターの答えを聞くと賢者は目を輝かせました。

「では、私はここに残ります。みなさん長い間お世話になりました。『ラストエデン』までの旅の無事を祈っています」

　賢者は一歩下がりました。

「是非、あなたが学んだことを多くの人に伝えてくださいね。では行きましょう」

　マスターは出発の合図をしました。賢者は深く頭を下げたまま、マスターと遊び人と少年の出発を見送りました。彼らの姿が見えな

くなるまで頭を上げませんでした。

　少し歩いた後、遊び人は振り返り、小さくなった賢者を見て言いました。

「なんで一人ずつ抜けていくんだ～？　みんな『ラストエデン』が何なのか興味ないのか？　俺は見てみたいけどなー」

～越えたくなるハードル～

私達はやりたいことや目的を作っても、
難しく感じているとなかなか実行に移せません。
まるで見えないハードルが存在するかのようです。
ですが、このハードルは観点を高くすることで
簡単に越えていくことができます。
観点を高くする方法の1つが『目的意識を高く持つ』です。
目的のゴールを高く設定することにより、
今まで難しいと思っていた出来事が小さく感じられるでしょう。
そのために3段階の目的を作ります。
あなたの目的を（　）に書き込んでみましょう。

今の一番高い目的は？（　　　　　　　　　　　　　　　　　　　　　　　）

これが難しいなら

　→さらに高い目的は？（　　　　　　　　　　　　　　　　　　　　　　）

これでも難しいなら

　　→さらに高い目的は？（　　　　　　　　　　　　　　　　　　　　　）

POINT

最初の目的が簡単に思えるまで目的を出し続けましょう。
「問題だと思っていただけ」になれば、解決しようとしなくても自然に解決
されますね。

例）目的・やりたいこと：本を出版すること
A1　地元出版だったら（小）…本を出版したいけど難しそう
A2　全国出版だったら（中）…出版はできるだろうけど読んでもらえるかな
A3　世界規模だったら（大）…地元で読んでもらう本を出版するのは当たり前だな！

A3の段階までいけば出版に対して抵抗がなくなっている！

　森の出口まであと一息のところで３人は少し休憩をとることにしました。

「すごい研究熱心な方ばかりでしたね」

　少年は塔の感想を話しました。遊び人は保存食を噛みながら言いました。

「俺ならすぐに飽きるな」

「僕はすごい特技もないし、熱中できることもないから、何かに夢中になっている人を見ると、羨ましくなるんです」

「へ〜、お前もそんな風に感じることあるんだな。俺だって特技も熱中することもないぞ？」

「でも遊び人さんには特技がいっぱいあるじゃないですか。歌とか楽器とか」

「特技っていうほどのものじゃないけどな。好きでやっていたら人よりうまくなったってだけさ。熱中……と言うよりかは、好きだからずっと関わっていたいと言ったほうが合ってるな。……うん。きっとあれだ。恋みたいなやつさ。お前もあるだろ？　ないって言ってても、気づいたら夢中になってやっていたってことの１つや２つ」

「うーん……。宿のお手伝いは楽しいけど……。読み書きも得意じゃないし、歌も下手だし、料理も自分が食べられる程度のものしかできないし……」

　少年は考えても考えても、自分ができないことだらけで悲しくなりました。

「一緒に旅した方達を見ても、最初に別れたお姉さんは恋愛に夢中で、修行僧さんは自分磨きに命をかけていて、先生は国の繁栄に一生懸命。賢者さんは研究熱心だったし。みんな何かに打ち込んでいた。みんなに比べたら僕は……。僕、何も持っていない……」

　落ち込んできた少年にマスターは微笑み言いました。

「大丈夫。あなたは既に持っていますよ」

「え??」

　少年は「何を?」と聞きたかったのですが、マスターは立ち上がると「行きましょう」と歩き始めました。遊び人が少年の背中をバシンと叩きました。

「落ち込むDなよD兄弟!　楽しく考えようぜ!」

「遊び人さんはマスターが言ったことの意味がわかったんですか?」

　少年は先に行く2人を追いかけました。

　少年が座っていた真横には、小さな白い花が咲いていました。

「大丈夫です。そのうちわかりますよ。さあ、いよいよ『ラストエデン』です」

　マスターの導きで彼らは間もなく、『ラストエデン』にたどり着きます。

　物語の続きは、次の始まりへ……。

CHAPTER

6

ラストエデン

　物語の始まりはいつだって突然起こります。

　この世界は常に始まりの連続でできているのです。

　さて、今回のお話はマスターと共に願いが叶い続ける地『ラスト
エデン』へ向かうと決めた遊び人、少年の３人が、間もなく『ラス
トエデン』に到着するところから始まります。

　迷いの森を出てから６日が経過しました。今は広大な草原の道な
き道を進んでいます。

　ところどころに大きい岩や小石が転がっていて、昔は火山地帯だ
ったことが窺えます。

　少し霧が出てきました。視界に支障はありませんが、３人は石に
つまずかないよう気をつけて歩き続けました。

「マスター、道は合ってるのかい？　この３日間ずっと同じ景色な
んだが」

　地平線まで緑一色の世界に、遊び人は少々心配になってきました。
少年もマスターの顔を窺いました。マスターは振り向かずに遊び人

へ一言伝えました。

「あなたが信じた時に、『ラストエデン』の道は開かれます」

「…………」

　具体的に「あと1日で着く」とか「半里です」といった答えが欲しかった遊び人は、面食らった顔をしました。同時に、マスターは『ラストエデン』へ行ったことがあるのだと思い始めました。それなら道を間違えるはずはないだろう、と自分を納得させ、マスターに謝りました。

「マスターを疑うなんて野暮だった。信じていなきゃ『ある』ものも『ない』もんな」

　続いて少年も力強く言いました。

「僕もマスターを信じています！」

　2人の言葉を聞いたマスターは振り返り、いつもの微笑みを浮かべました。

「行きましょう」

　マスターはそれだけ言うとまた真っすぐ歩き始めました。遊び人も少年も後に続きました。

　半日が経過しました。霧はうんと濃くなり、視界は悪くなる一方です。少しでもマスターと距離が開くと、その姿はかき消されてしまいそうでした。

「もっと近くに。はぐれないように！」

　近くでマスターの声がするのに、とても離れているように感じます。

「私と離れないでくださいね」

　遊び人と少年はマスターの声を頼りに、信じて前進しました。

　霧はさらに濃さを増し、周囲を全て真っ白に覆ってしまいました。まるで雲の中だ、と少年は思いました。前方にいたマスターの姿は既に見えず、隣にいた遊び人の姿も見失いました。もはや自分が前を向いているのか、後ろを向いているのかもわかりません。真っ白な世界には自分以外何も存在していないかのようでした。

「どうしよう……完全にはぐれてしまった……」少年は焦り、大声でマスターと遊び人を呼びました。

「マスター！」

　声は響くこともなく霧に吸い込まれ消えていきました。

「マスター‼」

　何度叫んでも返事はありませんでした。少年の頭は真っ白になりました。それに連動するかのように、少年のいる世界の景色は全てかき消され、１ミリも色がありません。

「こういう時、マスターなら何て言うだろうか？」

　少年はマスターの言葉を思い返しました。

「あなたが信じた時に、『ラストエデン』の道は開かれます」

そうだ。マスターはそう言っていた。そして、マスターならこう
するだろう。

少年は前を向き、マスターがいつもするように微笑みました。
途端に世界は眩しい光に包まれました。

「…………」
「おい。ダイジョブか？」
遊び人が少年の頬を軽く叩きました。
「あ、あれ？　僕……みんなとはぐれちゃって……」
「何言ってんだよ。ずっと一緒に歩いてただろ？」
少年の目の前には遊び人、その向こうにはマスターの姿があります。遊び人は少年の目を覗き込んで意識がはっきりしているか確認しました。
「お前、いきなり立ち止まったと思ったら全く無反応になって

……」

「えーと……。僕にも何が何だか。さっきの状況は、何？」

「だから、何言ってんだよ」

　少年は落ち着きを取り戻し、改めて周りを見渡しました。霧はすっかり晴れていました。

「遊び人さん、ここはどこなの？」

「俺もわからない。霧が晴れたら周りは何もなくなって真っ白だ」

　遊び人の言う通り、ここには物も、音も、色も、時間もなく、少年が今さっきいた空間と同じような場所でした。

「ここを一言で表すなら……『無』だな。変な感覚じゃないか？」

　遊び人は空間を眺めながら言いました。

　マスターと、遊び人と、少年がいるだけの、何もない真っ白な空間。感覚がフワフワして不思議な気分でした。

「マスター」

　少年がマスターに呼びかけると、マスターはゆっくり振り返り言いました。

「ようこそ、『ラストエデンへ』」

　やっと着いた。『ラストエデン』に！

　遊び人と少年は顔を見合わせ、「やった‼」とハイタッチを交わしました。

「しかしな～。『ラストエデン』ってこんな何もないところなのか？俺はもっと、こう、ドーンとでっかい派手な遺跡をイメージしていたけど」

　言葉のイメージを伝えようと遊び人は両手を大きく広げました。手を振りかざしたと同時に、遊び人の背後に古びた巨大な遺跡が音もなく現れていました。

「え⁉　いつの間に？」

　遊び人と少年は飛び上がりました。自分達が立っている空間は亜熱帯の森林に切り替わり、空には美しい七色の鳥が羽ばたいています。古びた石造りの建造物の周りには松明（たいまつ）が燃え盛り、頂上部からは軽快な太鼓のリズムが聞こえます。

「そうそう。こういう場所をイメージしてたんだよ」

「なるほど。あなたらしいですね」

　マスターが話し出すと、建造物も森林もフッと消え去り、また元の真っ白な空間へ戻りました。

「消えちまった……。マスター、ここは何なんだ？」

「ここは『全てが生まれる場所』です。試しにリンゴを頭の中にイメージしてください。イメージしたものがそのまま形になり現れますから」

「『ラストエデン』の『願いが叶い続ける』って意味はそういうことだったのか。よーし！」

　遊び人は手の平を合わせ、リンゴをイメージしました。

「リンゴ、リンゴ……。俺が食べた中で一番うまかったリンゴは……」

　すると、いつの間にか音もなく、遊び人の手の上にはみずみずしいリンゴがおさまっていました。

「おお〜。ほんとにイメージ通り」

「お兄さん上手だな。僕のリンゴ、大きいけど大味です」

　少年の横に、少年と同じサイズのリンゴが転がっていました。色は真っ赤で、サイズ、色、形は二次元に描いた絵がそっくりそのま

ま飛び出してきてしまっていました。

「全てイメージ通りだから、どれだけ鮮明に描けるかがポイントってわけか」

　遊び人は手の中のリンゴをかじり「うまい」と口にしました。コツを掴んだ遊び人は食べたいものを次々に生み出しました。

「羊の丸焼きパーティだ！」

「じゃあデザートにはバナナの蒸し焼きに、ココナッツのシロップをかけて……、ナッツとカカオもふりかけよう」

　少年も加わり空間は一転して賑やかな食卓に変わりました。

　少年は「僕たちだけじゃ寂しいね。お客様も呼ぼう」と動物達を生み出しました。犬に猫、ウサギやリス。熊や鹿も。

　少年は動物達と触れ合いました。

「温かい……」

　食べ物も生き物も元の世界と何も変わらず、命ある存在でした。

　遊び人はマスターに聞きました。

「マスター、『ラストエデン』で生み出したものは元の世界に持ち帰ることができるのか？」

「いいえ、できません。生き物にかかわらず、『ラストエデン』で生まれたものは全て持ち帰ることは叶いません」

「ちぇっ」

　遊び人は悔しそうに舌打ちしました。

　腹ごしらえを済ませ、遊び人と少年はイメージ遊びに夢中になりました。

　２人は小さな砂の一粒から大きな山まで何でも生み出せるようになりました。火も水も風も自在に生み出せるようになると、この世界と同じような世界を創り出せるのではないかと気づきました。

「よっし！　今から俺の理想の世界を創ろう」

　遊び人はこの世の全ての娯楽を詰め込んだ世界を考えました。ダンスショーのステージ、大浴場に酒場、遊技場、賭博場、スリル満点な絶叫できる遊具。

「俺はこんな世界に住みたかった。ずっと遊んでいられる世界だ」

　世界をもっとワクワクさせよう！　と遊び人は太陽をピンク色に染め上げ、夜空の星を１０倍にしました。海が宙を舞い、翼のある

犬が空を散歩し、水をワインに変え、パンが実る木を作りました。

　元の世界ではありえない光景に少年はワクワクしました。

「新しい世界ですね！」

　遊び人はフフンと笑い、鼻高々に宣言しました。

「そう！　俺はこれから新世界を創る！」

　そして取り掛かったのは宇宙空間そのものの制作でした。遊びの星、ご馳走の星、美女の星、豪邸の星……。

「自分が思った通りに世界を創り動かせる。これは遊びの最高峰だな」

　遊び人はとてもいい気分でした。

　遊び人と少年は時間も忘れ遊び尽くしました。きっと何時間もたっていたのでしょう。

　パンパンッと手を叩く音がしました。

「帰る時間ですよ」

　マスターが迎えにきた合図でした。

「は？　帰るだって？」

　遊び人は手を顔の前でひらひらさせ断りました。

「やなこった！　俺は帰りたくないぞ。こんな楽しい場所は他に探してもどこにもない。俺はここに残る」

　遊び人はマスターに背を向けました。

「わかりました。ではもう少ししたらまた迎えにきましょう」

　マスターは肩をすくめると、フッと姿をくらましました。

　少年は一人真っ白な空間に寝ころび、果てしなく続く何もない空をボーッと見続けていました。少年の心はモヤモヤしていました。『ラストエデン』で欲しいものをいくら創り出しても、何だか満たされないのです。

「僕は何のために『ラストエデン』に来たんだっけ……」

　初めてマスターと出会った夜を思い返しました。

「外の世界を何も知らない僕はマスターの話に興奮して、どうしても旅についていきたい！　って、おじさんとおばさんにお願いしたな」

　そこまで口に出すとハッと気づき、勢いよく起き上がりました。

「そう！　僕が旅に出た理由は『ラストエデン』じゃなくて世界
だ！　それも、マスターが見てきた世界」

　心の奥が温かくなり、ハートが震え出します。

「『ラストエデン』、お願いだ。**僕にマスターが見ている世界を見せ
て**」

　どんなイメージをしたらいいのかわかりません。けれど、何かが
現れてくれるのではないかと期待し、少年は願いました。

「……………………」

　しかし、何分たっても目の前には何も現れませんでした。

「やっぱりだめかな」

　もっと落ち着いて……僕なりにイメージしてみよう、と目を閉じ
ました。

　しかし、まだ何も現れません。

　もっと落ち着こう。少年は深く息を吸い、ゆっくりと吐きました。

　心が静かになってくると、思ってもいないイメージが頭に浮かんできました。

「あれ？　勝手にイメージが流れ込んでくる……」

　少年は頭の中でも白い空間に座っていて、目の前には大きな映像が映し出されています。

　それは少年の人生の映像でした。様々な人との出来事が、時間を逆行しながら流れてきます。

　少年は見せられるままに眺めました。

　迷いの森で別れた賢者様。

「君は物覚えがいいな。私の助手にならないか？」

　王様と女王様の国で別れた先生。

「この旅から帰ったら、村の学校で生徒達に旅で学んだことを教えてやってくれ。君にとってこの旅での学びは財産だろう」

　市場が栄える町で別れた修行僧。

「欲は己の心の弱さから生まれる。しかし無欲が真の強さではない。君は強くなるであろう」

　旅の始まりの村で別れたお姉さん。

「世の中思い通りにいかないことだらけ。あなたは何でも前向きで羨ましいわ」

　僕の大好きな宿屋のおじさんと奥さん。僕の２番目の両親。

「お前は私達にとって血は繋がっていなくても子供同然だと思っている」

「あなたがいれば、それで充分よ」

　これは……僕が生まれた時だ。

　お母さんが額に優しくキスしてくれた。お父さんが人前で涙を見せたのはこれが最初で最後。生まれたばかりの僕に初めて会って、

誰よりも泣いて喜んでいる。

「どんな時でも諦めず、みなが豊かになる道を見出せる賢明な子に
なりますように」

　お父さんは僕に知恵を祈ってくれた。

「どうかこの子が、思いやりを持ち、誰にでも優しく、愛し愛され
ますように……」

　お母さんは僕に愛を祈ってくれた。

　僕が生まれる前。まだお母さんのお腹の中だ。

　僕の体は時間をかけて作られていく。心臓が生まれ、脳が膨らみ、血が通う。小さな細胞が日に日に増え、集まり、僕を作ってくれていたんだ。

　映像は終わることなく様々なシーンが映し出されていきます。

　山には雨が降り注ぎ川へと流れ、海を満たし、また海の上で雲ができ、大地に雨を降らせます。そして植物が芽吹き、草原となり、動物達が集まり草を食べ、その動物を大型の動物が食べ、動物が死ぬと体は土へ還り植物達の栄養になります。

「世界は……たくさんの時間が重なり合って繋がっているんだ……」

　少年は命の循環を感じました。

「僕は今、ここに立っている」

　少年の頬には一筋の涙が流れました。

「僕は……一人では生きていない」

　ハートがじんわりと温かく、気持ちは穏やかになっていきます。

「僕はたくさんの人と関わり合いながら歩んできた。僕は全てに生かされている。こんなにも愛されている……」

　少年は閉じていた目を開きました。目の前の世界も眩しく、光で溢れていました。

「これが、マスターが見ている世界なんだね」

　隣を見ると、いつの間にかマスターがいました。長い時間、少年はマスターと２人、ここにいたような気がします。少年はマスターに話しかけました。

「マスター」

「はい」

「マスターが世界をどう見ているかがわかりました。優しくて、とても温かくて……。これをどう表現したらいいのかわからないのですが……」

CHAPTER 6

「それは慈愛（compassion）です」

「慈愛？」

「ええ。慈愛は相手を大切に想う心……思いやりです。慈愛をもとに世界を見れば、あなたが今見たビジョンのように光輝く世界になるでしょう」

「それなら、みんな知っているのではないですか？」

「誰の心にも慈愛はあります。ただ、常に慈愛を大切にしているかはわかりませんね」

「確かに……」

　少年は少し考えると、またマスターへ質問しました。

「みんなが慈愛を持ち続けるにはどうしたらいいのでしょうか」

　マスターは静かに微笑みました。

「簡単ですよ。慈愛に触れるだけでよいのです」

「どうやって？」

「思いやりのある行動をすれば自ずと触れます。どんな存在にも優しく、争わず、尊重して接することです。あなたがたくさんの人から受け取ってきたように、人にもそうしていくのですよ」

　少年はマスターの言葉をハートで感じました。まだハートが震えているのを感じます。

　しばしの沈黙の後、少年は言いました。

「僕が本当に知りたかったことがわかりました」

「そうですか」

　マスターは少年に優しく問いかけました。

「それで……あなたはこれからどうしますか？」

　少年の心は既に決まっていました。

「僕はこの旅で学んだ全てのことを、一人でも多くの人に伝えます」

　マスターはそれを聞くとスッと立ち上がり、少年に手を差し伸べました。

「では、帰りましょう」

　少年はマスターの手を取りました。

　ハートは温かいまま震えていました。

　マスターと共に、少年は光の中を歩いていました。

「マスター。僕、『ラストエデン』はイメージがすぐ形になってす

ごいところだと思いますが、もしかしたら僕がいた世界と何も変わらないんじゃないかって思います」

「なぜそう思いますか？」

「僕がいた世界でも想像すれば叶うんだって思います。できない時は想像すら諦めている」

「ええ」

「だから僕はどこでだって楽しめそうです」

　少年は笑いました。

「ええ」

　マスターも微笑みました。光が少しずつ消えていきます。

　ふいに、トンッと背中を軽く押され、少年は一歩前へ踏み込みました。

　足元に草の感触があります。

　光が全て消え去ると草原が広がっていました。『ラストエデン』直前の霧が濃かった草原です。今は霧が晴れています。

　隣にはマスターの姿は見当たりません。遊び人もいません。

「マスター、マスター？」

　呼んでも返事はありません。少しの間、静寂が少年を包みました。

　風の吹くまま、草原がなびいています。

　少年は自分の村の方角を見つめました。

　そこには見えなくても光が続いているように感じました。

　自然に顔が微笑みました。

「帰ろう」

　少年は一歩、足を進めました。

～最高の真実へ～

あなたが本当に進みたい道を見つけた時、
今まで築き上げてきた地位・名誉・収入を捨ててでも
道を変えることができるでしょうか?
全てを置いて先に進めるでしょうか?

目を閉じて、大きく深呼吸をします。
呼吸に合わせ、全身の力を抜いていきます。
ハートに両手を置き、ハートに問いかけます。

あなたが本当に望むもの、望む未来と出合った時、今ある安定から抜け出し、次の旅路へと足を進めていけますか?

想像しましょう。

人生は出発の連続なのです。

エピローグ

　長い年月の旅路の果てに、少年は大人へと成長しました。

　大人になった少年は慣れ親しんだ丘の上に立っています。旅に出る前に毎晩月を見に訪れていた小さな丘。空全体と村全体を同時に眺められるここは、かつての少年の世界地図でした。

「私の世界はこんなに小さかったのか……」

　背中から、優しく、暖かな風が吹くのを感じました。

　風は少年を追い越し、草木を揺らしながら丘を下り、フワッと村全体を包むように通り過ぎていきました。

　大人になった少年は『ラストエデン』から一人戻った後、今まで訪れた村や町の1つひとつを巡り、関わった人へ感謝を伝えながら家路についたのでした。

「やっと帰ってきました」

　村の入り口まで来て立ち止まると、旅立った日の出来事が次々に思い起こされます。

　朝、突風が吹いたこと。いつもと違う一日にワクワクしたこと。スープがこぼれて、ハチドリを見つけて、マスターがやってきて……。

　そして、世界が広いことを初めて知りました。

「ここから私の物語は始まっていたのですね」

　そう呟くと、自然に微笑みがこぼれました。日は既に落ちかけ、少年の面影を残した顔を赤く照らしました。

　宿屋に到着し、静かに中に入りました。カウンターには誰もいません。少年は奥の部屋に届く声で言いました。

「こんばんは。泊めてもらえますか?」

　少しすると奥から「今行きますよ」と声がしました。パタパタと足音が聞こえ、宿屋の奥さんが顔を出しました。

　大人になった少年を一目見るなり、口元を手で押さえ立ち止まりました。

「ちょっとあんた!　すぐに表においでなさい!」

EPILOGUE

　宿屋の奥さんは主人を大声で呼び出しました。

「何だい何だい。そんな大声出して」

　宿屋の主人も出てくるなり、大人になった少年と対面し言葉を失いました。

　驚きと嬉しさで涙が込み上げてきます。

「おかえり」

　それだけ言うと、大人になった少年を強く引き寄せ、熱くハグをしました。奥さんも優しくハグをしました。宿屋の主人の涙を見たのは、これが初めてのことでした。

　そして3人は長い時間を埋めるように一晩中語り明かしたのでした。

　数か月後。

　宿屋の前には人の囲いができ、中心には大人になった少年の姿がありました。村に戻ってから毎日、村人達に旅で見てきた世界の話をしています。

「こうして王様と女王様は、わかり合えそうなのにすれ違ってしま

うのでした。物語の続きは、次の始まりへ……」

　大人になった少年が話し終わると毎回盛大な拍手が起こりました。少年はお辞儀をすると、宿屋の自室に戻り、鞄に食料を数日分詰めました。軽く掃除し、家具の位置を整え、小さくなった自分の寝床で少し眠りました。

　翌朝、まだ村の誰も起きていない時間に少年は宿屋を出ました。

　宿屋の主人と奥さんが既に立って待っていました。

「行くのか？」

　宿屋の主人が聞きました。

「はい」

　大人になった少年は迷いなく答えると２人に近づき、少し長いハグをしました。

「行ってきます」

「行ってらっしゃい。私達のマスター」

　宿屋の主人と奥さんは、大人になった少年が見えなくなるまで後ろ姿を見つめていました。

　その背中はかつてのマスターそのものでした。

EPILOGUE

　マスターは村外れまでやってきました。

　村の中と外は低い木の塀が隔てていて、これが見えたら村の終点の合図です。普段から人気がほとんどない場所なのに、この日はポツンと人影が見えます。

　塀に寄りかかるように小さな少年が座っていました。

　少年はマスターをジーッと見るなり、不思議そうな顔をして言いました。

「あなたはこの村の人とは少し違うね。どこから来たの？」

　マスターは微笑み、少年の隣に腰かけました。

「私は『ラストエデン』から来ました。ここよりもずっとずっと遠いところです」

　後ろから一筋の優しい風が流れました。その流れに乗り口ずさむように、マスターは自分が見てきた世界の話を語りました。

「僕もその世界を見に行ける？」

「ええ。誰でも行くことができます。勇気があれば」

「勇気？　勇気って何？　拾えるものならきっと僕、もう拾ってい

るよ。世界へ行けるね」

　マスターはクスッと笑うと、立ち上がり少年に手を差し伸べました。

「では、一緒に行きましょう」

　２人の後ろには今日もハチドリが飛んでいました。

EPILOGUE

こうして

物語の始まりは

いつだって突然起こります。

それは、

この世界が常に始まりの連続でできているからです。

おわりに

　本書のサブタイトル「7つの真実」は本書に登場する旅の仲間である、マスター、賢者、先生、修行僧、遊び人、女性、少年の7人の主人公達の人生観をさしています。

　みなさんはこの本を読んで、自分がどの主人公のタイプにあてはまっていたと思いますか?

　7人の主人公達は物語の中で各々の目的を果たし、それぞれの人生を歩んでいく。この生き方は喜びであり、魂の生き方そのものでもあります。

　7人の主人公のタイプは、私達の世界において見ることができる7種類の生き方を描いています。

　動かない者、自己犠牲する者、力(正義感)で動く者、テクニック(技術)にこだわる者、遊ぶ者、思いやりで生きる者、愛で生きる者。

　生き方とは自分が選んだ結果です。私達は知らず知らずのうちに7種類の生き方のどれかにはまっていて、その世界観で見た世界を創り出し生きています。自分で創り出した世界で生き続ける人はたくさんいます。

　それは悪くはないのですが、もっと素晴らしい世界があると知ったら、その世界でも生きることができると知ったら、人生がさらに楽しくなると思います。

　では、１つの世界に留まらず、他の世界を知るには？

　その答えは物語の最初で既にお伝えしています。少年が村の中の世界しか知らなかった状況と同じですね。村にマスターが訪れ、たくさんの世界の話を聞くことで、少年は世界が他にあることを知るのです。私達も少年と同じように、自分にとってのマスターを見つけることで、世界が広がっていきます。

マスターの声に耳を傾けてください。

純粋に声を聞いてください。

人生に難しい問題が起こった時、多くの人は解決を図ろうとします。ですが、それだけではやがて似たような問題がまた発生します。都度、問題解決を繰り返し、人生が進んでいる、自分は成長していると思われるかもしれませんが、これでは永遠に問題解決を繰り返す輪廻(りんね)から抜け出すことはできなくなります。

もし、マスターの声に耳を傾けることができれば、この輪廻から脱出することができるでしょう。

マスターは解決ではなく、本当に大切なことを教えてくれます。

あなたが、他でもないあなた自身の『真実の物語』を望むのであれば、マスターを持ちましょう。

マスターは正義で裁くことなく、誰とも争わず、自分にも人にも、全ての存在に対し愛を持ち、真実を教えてくれる人です。

「これを絶対にしなさい」と言うのではなく、自分で選択し、自分で決める大切さを教えてくれる人です。

　右か左か、０か１００かというような二択しかないと思われる状況からでも、その領域を超えた３つ目の選択肢を教えてくれる人です。

　３つ目の選択肢とは、自分にも人にも愛を持った『慈愛(compassion)』の選択肢です。『慈愛』は知恵を生み出します。

　マスターの言葉は知恵そのものです。マスターのような物事の見方ができていくにつれ、びっくりするくらい人生がうまくいき始めるでしょう。

　あなたの人生が今後も喜びと共にあることを願っています。

With LOVE

謝辞

本書の出版に当たって、まず、父と母にありがとうを伝えたい。

その理由は既に冒頭で表していますが、僕が常にたくさんの人から愛と信頼を与えてもらえるのは、父と母の教えのおかげだと日々感謝しています。

僕の人生を支えてくれているのは、間違いなくふたりからの愛です。

竹本マネージャーにも感謝を。

僕にユーモアと遊びを教えてくださったおかげで、今の僕の世界が存在します。

クローバー出版の編集長である田谷様。

本書の世界観を第一優先に考え、表現することへの惜しみないサポートがあったからこそ、共に COMPASSION の世界を築くことができました。

イラストレーター天野様。

急な依頼にもかかわらず、本書への深い理解、情熱をもった仕事への姿勢に感動の連続でした。美しい挿絵の数々は、本書の内容をイラストだけで物語ることができます。

デザイナー横田様。

優しい世界を紙面に起こしていただき、多くの人が次のページをめくるのが楽しみな本となりました。

3 名に深く謝意を表します。

製作に関わった仲間達、家族、

出版の声を上げプロデューサーとしてプロジェクトを導いてくれた ELISE、

僕の頭の中の膨大なイメージを執筆しくれた SAYUMI。

共にプロジェクトをやり遂げたことに喜びと感謝を贈ります。

そして、マイマスターにも感謝を捧げます。

最後に、本書を読み終え、愛と共に新たな旅へ出発するあなたに愛を贈ります。

Profile

著者／プロデューサー

TOMMY　トミー

美容室オーナー、セミナー講師、コンサルタント、絵本作家、音楽アーティスト
美容業界にて、抜群の美的センスで、26歳の時に独立し、現在に至るまで顧客に愛される人気美容室を17年間経営。
エンターテイナーとして「慈愛」を世界に伝える会社『TOMMY's ENTERTAINMENT Inc.』を2017年に立ち上げ、メインエンターテイナーとして活躍。他のメンバーも人気講師や歌手として躍進している。

プロデューサー

ELISE　エリーゼ

1994年生まれ。
株式会社 INNER WORLD代表取締役。
音楽アーティストの発掘・育成と制作のプロデュースを手掛ける。昨年リリースされたアルバムはiTunesのヒップホップチャートで1位を記録した。

プロデューサー／ゴーストライター

SAYUMI　サユミ

愛知県出身。
大手金融機関で資金繰りを学んだ後、全国規模のブライダル映像会社で教育を担当。その後ベンチャー企業立ち上げに携わり組織作りを経験。これらを活かし、プロデュースチームAIOFFICEを立ち上げる。今作が初の執筆。

本文挿画：天野綾乃
装幀・本文デザイン・DTP：横田和巳（光雅）
校正協力：永森加寿子
編集：田谷裕章

COMPASSION ～7つの真実～

初版1刷発行 ● 2021年12月20日
　　2刷発行 ● 2021年12月23日

著者

TOMMY

発行者

小田 実紀

発行所

株式会社Clover出版

〒101-0051 東京都千代田区神田神保町3丁目27番地8　三輪ビル5階
Tel.03(6910)0605　Fax.03(6910)0606　https://cloverpub.jp

印刷所

日経印刷株式会社

©TOMMY 2021, Printed in Japan
ISBN978-4-86734-048-6　C0011

本書の内容に関するお問い合わせは、info@cloverpub.jp宛にメールでお願い申し上げます